JN085603

会社別就活ハンドブックシリーズ

2025

NECの
就活ハンドブック

就職活動研究会 編
JOB HUNTING BOOK

は じ め に

　2021年春の採用から，1953年以来続いてきた，経団連（日本経済団体連合会）の加盟企業を中心にした「就活に関するさまざまな規定事項」の規定が，事実上廃止されました。それまで卒業・修了年度に入る直前の3月以降になり，面接などの選考は6月であったものが，学生と企業の双方が活動を本格化させる時期が大幅にはやまることになりました。この動きは2022年春そして2023年春へと続いております。

　また新型コロナウイルス感染者の増加を受け，新卒採用の活動に対してオンラインによる説明会や選考を導入した企業が急速に増加しました。採用環境が大きく変化したことにより，どのような場面でも対応できる柔軟性，また非接触による仕事の増加により，傾聴力というものが新たに求められるようになりました。

　『会社別就職ハンドブックシリーズ』は，いわゆる「就活生向け人気企業ランキング」を中心に，当社が独自にセレクトした上場している一流・優良企業の就活対策本です。面接で聞かれた質問にはじまり，業界の最新情報，さらには上場企業の株主向け公開情報である有価証券報告書の分析など，企業の多角的な判断・研究材料をふんだんに盛り込みました。加えて，地方の優良といわれている企業もラインナップしています。

　思い込みや憧れだけをもってやみくもに受けるのではなく，必要な情報を収集し，冷静に対象企業を分析し，エントリーシート作成やそれに続く面接試験に臨んでいただければと思います。本書が，その一助となれば幸いです。

　この本を手に取られた方が，志望企業の内定を得て，輝かしい社会人生活のスタートを切っていただけるよう，心より祈念いたします。

就職活動研究会

Contents

第1章 NECの会社概況　　3

NEC Way ……………………………………………… 4
会社データ ……………………………………………… 5
仕事内容 ………………………………………………… 6
募集要項 ………………………………………………… 9
採用の流れ …………………………………………… 11
2023年の重要ニュース …………………………… 12
2022年の重要ニュース …………………………… 14
2021年の重要ニュース …………………………… 16
就活生情報 …………………………………………… 18
有価証券報告書の読み方 ………………………… 28
有価証券報告書 …………………………………… 32

第2章 電気機器業界の"今"を知ろう　　143

電気機器業界の動向 ……………………………… 144
ニュースで見る電気機器業界 …………………… 151
電気機器業界の口コミ …………………………… 158
電気機器業界　国内企業リスト ………………… 164

第3章 就職活動のはじめかた　　171

第1章

NECの会社概況

　会社によって選考方法は千差万別。面接で問われる内容や採用スケジュールもバラバラだ。採用試験ひとつとってみても，その会社の社風が表れていると言っていいだろう。ここでは募集要項や面接内容について過去の事例を収録している。

　また，志望する会社を数字の面からも多角的に研究することを心がけたい。

✔NEC Way

「NEC Way」は、NEC グループが共通で持つ価値観であり行動の原点です。
企業としてふるまう姿を示した「Purpose（存在意義）」「Principles（行動原則）」と、
一人ひとりの価値観・ふるまいを示した
「Code of Values（行動基準）」「Code of Conduct（行動規範）」で構成されています。
私たちは NEC Way の実践を通して社会価値を創造していきます。

■ Purpose（存在意義）
NEC は、安全・安心・公平・効率という
社会価値を創造し、
誰もが人間性を十分に発揮できる
持続可能な社会の実現を目指します。

■ Principles（行動原則）
創業の精神「ベタープロダクツ・ベターサービス」
常にゆるぎないインテグリティと人権の尊重
あくなきイノベーションの追求

■ Code of Values（行動基準）
視線は外向き、未来を見通すように
思考はシンプル、戦略を示せるように
心は情熱的、自らやり遂げるように
行動はスピード、チャンスを逃さぬように
組織はオープン、全員が成長できるように

■ Code of Conduct（行動規範）
１．基本姿勢
２．人権尊重
３．環境保全
４．誠実な事業活動
５．会社財産・情報の管理
コンプライアンスに関する疑問・懸念の相談、報告

✔ 会社データ

所在地	東京都港区芝五丁目7番1号 Tel: 03-3454-1111
創立	1899年(明治32年)7月17日
代表取締役	取締役 代表執行役社長 兼 CEO：森田 隆之
資本金	4,278億円 (2023年3月31日現在)
売上高	2022年度実績 単独 1兆7,756億円 連結 3兆3,130億円
グループ 主要事業	ITサービス事業、社会インフラ事業
従業員数	単独 22,036名(2023年3月末現在) 連結 118,527名(2023年3月末現在)
会社数	連結子会社 284社(2023年3月末現在)

✔ 先輩社員の声

ビジネスと組織にイノベーションを——
「身近な人を幸せに」の精神で事業開発に挑む

【事業開発・企画】
新規事業開発と職場改善活動に両輪で取り組む。キャリア入社の自分だからできることを

デジタル・ガバメント推進統括部 サービス開発グループのミッションは、行政DX事業領域にて新たな価値創造を行い組織をリードすること。従来の枠組みにとらわれない事業ポートフォリオの形成をめざしています。この国に住むすべての人に広く使っていただけるようなサービスの創出に向けて取り組んでいます。

ビジネスの種を見つけ育てるのが私たちの仕事ですが、お客さまに使っていただかなければ意味がありません。現在は、サービスの実用性を高めるために、仮説検証を繰り返しているフェーズです。

一方で、「RISE Fast Project」にも参画しています。これは、会社全体の組織変革活動の一環として発足したもので、現在はそれぞれの職場組織で実行されているプロジェクトなのですが、嬉しいことに職場の代表として参画しないかと声をかけてもらいました。

フラットな目線で組織文化に向き合えるのが、キャリア入社してきた私の強みのひとつ。実際、入社してからこれまで見てきた中でさまざまな課題があると感じていたので、本業以外でも役に立てることがあればと引き受けました。

新規事業開発と職場改善活動はまるで違うことのように見えますが、似た点があると感じています。

新規事業開発は、これまでお客さまのご要望に応えることを得意としてきた当社にとっては新しい挑戦です。ビジネスと組織とで領域こそ違いますが、どちらも変革を起こそうとしていることに変わりはありません。一方の活動からもう一方の活動へのヒントが得られるなど、良い化学変化が起きていると感じています。

新しいことをやろうとすると、どうしても社内の風当たりが強くなりがちですが、「挑戦してみたい」という熱い想いを持っていれば、後押ししてくれる風土があるのが日本電気株式会社（以下、NEC）の魅力。

入社してから今までがむしゃらに行動した結果、今では役員クラスの方々とお話する機会も増えました。そして、想いを伝えると「どんどん攻めよう！」と必ず後押ししてくれるんです。

想いを持って行動していると、必ず見てくれている人がいる。そんな存在が私のやりがいにつながっています。

一歩ずつ着実にキャリアを重ね、
ハイブリッドで唯一無二の道を切り開く。

【SE】
「人のために自分の力を使いたい。」
その想いが、人に寄り添う NEC とマッチした。

大学では、理工学部で電子情報工学の幅広い分野を学んでいました。研究室では、ドローンや車の自動運転に適した無線通信のシステム設計を研究テーマにしており、大学院でも引き続き同じ研究を続け、無線通信の道一筋の日々でした。就職活動をする上で無線通信技術を極める道に進むことも選択肢にありましたが、改めて自分のやりたいことを見つめ直した時、一人一人の暮らしを豊かにできること、人のために色々なシステムをつくる仕事こそが自分の進みたい道であると気づきました。様々な企業を見ていく中でも、NEC に魅力を感じた理由は「人」でした。就職活動中、NEC の技術だけでなく社員にフォーカスした話を聞くことができました。システムそのものは、一見人とは離れているように思えますが、私はシステムがユーザーにとって身近であることがとても大切だと思っています。そういった「人に寄り添ったシステム」の開発が NEC ならできると思い入社を決めました。

どんな経験も前向きに学びにつなげる。
そうやって、進みたい道へ一歩一歩近づいている。

入社してから現在に至るまで、官公庁向けの業務システム開発を行う部署に配属されています。2020 年に担当したのは、既存のシステムの改修保守を行う仕事でした。1 年目は業務を覚えることで精一杯でしたが、2021 年からは書類を自動で作成するアプリケーションについて、念願のシステム開発プロジェクトに参画することができました。メインでプロジェクトを進めていた先輩が異動したことをきっかけに、自分から主体的にプロジェクトを推進することの大切さを痛感しました。また、新規のシステム開発の難しさとともに、1 年目に携わった改修保守を繰り返してシステム運用を続ける確立されたプロセスがいかに重要かを学ぶことができました。

また、一時期クラウドシステムのプロトタイプ開発と、ローコード開発という 2 つの社内検証プロジェクトに携わっていました。特に、ローコード開発は PowerPoint のスライドを作成する感覚でシステムを開発できる技術で、この技術が今後、NEC の案件にどう適用できるか検証を行いました。新時代の開発手法に触れる貴重な機会であり、これまで解決することのできなかった課題が解決できるようになるかもしれない。そういう意味でもとてもやりがいを感じました。

世の中の役に立つ研究開発がしたい。
人を見つめる研究者。

【研究開発】
研究を研究で終わらせない。
人々に役立つことがしたい。

大学では情報系の学部で人の脳データを利用した生体信号解析の研究に取り組んでいました。修士も含めた研究活動の中で8本の論文が採択され、論文を書くことが好きだったこともあり、そのまま博士課程に進むか就職するか悩みました。しかし将来、自身の研究成果が実際に製品やサービスとして人々の生活に利用され役立つことこそが自分が研究を続ける意義だと感じ、それができる企業を探して就職活動を行いました。就職活動の説明会でNECの人事の方にお会いした際、NECには顔認証を始めとした生体データを扱う専門のバイオメトリクス研究所があり、そこでは今の自分の研究をそのまま活かすことができると知りました。更に、NECはトップの国際会議で論文を発表していることも多く、研究者としてもキャリアを積める環境が整っているため、自分にピッタリだと思ったことから志望しました。

自身の特技を生かして研究を進める中で
NECの知見は武器になる。

実際に入社してみてNECの研究所では、研究計画からデータ収集、研究、評価、開発など様々なフェーズがあり、多くの人がそれぞれの得意分野を生かして仕事をしていると感じました。研究所には若い方も多く、風通しが良く活発に意見を交わすことができ、お互いを高め合うことのできる環境で研究を行うことができていると感じます。

入社1年目は顔映像からバイタル情報を推定する技術開発に取り組みました。NECが得意とする顔認証をベースに、人の顔データをヘルスケアや医療系に横展開をしていく研究でした。ここで心拍数と酸素飽和度を推定する技術をつくり、その論文が難関国際会議に採択されました。

現在はバイタルに加えて、体内に水が溜まる現象である「浮腫」を推定する技術開発に取り組んでいます。これは大学との共同研究で、体内の水分を自分で除去することが難しい透析患者の顔画像から、透析前後に生じる浮腫を推定する技術です。この研究もプレスリリースとして研究成果が社外に公開され、開発した技術に関する論文が、難関国際論文誌に採択されました。この2年間で行ってきた顔データを利用した研究は、簡便かつ遠隔から人の健康状態を推定することができるため、ポテンシャルのある研究分野だと考えています。顔認証のような社内に知見のある分野をベースに自分の研究を進めることができるのはNECならではのやりがいだと感じています。

募集対象	4年制大学の学部課程、大学院の修士課程・博士課程、及び高等専門学校を卒業(修了)見込みの方 ※学部、学科不問
募集職種	研究職、技術開発職、SE職、コンサルタント職、サービス職、生産関連職、知的財産職(技術系)、知的財産職(渉外系)、法務・コンプライアンス職、経理・財務・FP&A職、人事・総務職、営業職、スタッフ職(事業計画、資材調達など)
初任給	博士了：月給314,500円 修士了：月給261,000円 学部卒：月給237,000円 高専卒：月給212,000円 (高校卒：月給179,000円) ※2023年4月実績
昇給	年1回(4月)
賞与	年2回(6月，12月)
勤務地	本社，事業場，研究所，支社・支店など国内外の各拠点
勤務時間	8:30〜17:15 ※拠点によって前後 ※スーパーフレックスタイム制度あり
勤務日数	1年間勤務日数：241日、年間休日日数：124日(2022年度実績)
休日	完全週休2日制(土曜日，日曜日)，祝日，年末年始，特別休日
休暇	年次有給休暇(初年度20日、翌年まで積立可、半日取得制度あり)、結婚休暇、ファミリーフレンドリー休暇(5日)、キャリアデザイン休暇
保険	雇用保険，労災保険，健康保険，厚生年金保険

福利厚生	住宅施設：独身寮、家賃補助 運動施設：グラウンド、テニスコート、体育館、フィットネスセンターなど（外部フィットネスセンターの利用料補助あり） 厚生施設：従業員食堂、売店、従業員クラブ、健康管理センターなど 保養施設：全国に契約保養所多数 財産形成：財形貯蓄制度、従業員持株会
人材 開発制度	階層別研修：新入社員、主任、マネージャー、ビジネスリーダーなど キャリア開発研修：ワークライフバランス研修など 自主研修：ITスキル資格取得、語学力強化など集合制、通信制の各種研修多数

✔ 採用の流れ （出典：東洋経済新報社『就職四季報』）

エントリーの時期	【総・技】3〜5月
採用プロセス	【総・技】ES提出（3月〜）→筆記→個人面談（2回）→内々定
採用実績数	<table><tr><td>2022年</td><td>550</td></tr><tr><td>2023年</td><td>600</td></tr></table>2024年：修士・大卒計600名採用予定
採用実績校	【文系】 北海道大学，東北大学，東京大学，一橋大学，東京工業大学，電気通信大学，横浜国立大学，名古屋大学，京都大学，大阪大学，神戸大学，九州大学，早稲田大学，慶應義塾大学，上智大学，明治大学，中央大学，立教大学，青山学院大学，法政大学，東京理科大学，同志社大学，立命館大学，関西大学，関西学院大学　他（理系含む） 【理系】 ※文系に含む

✔2023年の重要ニュース (出典：日本経済新聞)

■ NECがセキュリティーの新会社　事業売り上げ倍増目指す (3/30)

　NECは30日、セキュリティー事業の新会社としてNECセキュリティ（東京・港）を4月1日に発足すると発表した。NECグループのセキュリティー事業子会社だったインフォセック（同）を母体に、グループ内の人材をNECセキュリティに集める。グループ全体のセキュリティー事業の売り上げを2025年度に21年度の2倍の500億円とすることを目指す。

　インフォセック社員の約160人に、NECグループ内のセキュリティー人材約80人が加わる。インフォセックは01年に設立し、政府機関などにセキュリティーサービスを提供してきた。「人材をNECセキュリティに集約し、効率的にサービス提供する」（NECサイバーセキュリティ事業統括部の後藤淳ディレクター）

　近年は業務に多数のシステムを利用し、それぞれのシステムでセキュリティーの対策をする場合が多い。データが様々なシステムに散らばり、全体として管理するのが難しい課題が出ている。

　NECセキュリティでは、顧客のコンピューター処理記録のデータを様々なサービスから収集し、一覧できるように情報をまとめて対策全体の最適化を図る。こうしたデータ分析を起点とする新サービスの売り上げを25年度に220億円とすることを目指す。

■ NEC、自販機で顔認証決済　5年で5000台目指す(4/24)

　NECは24日、自動販売機向けに顔認証で決済できるサービスを始めたと発表した。まず5月に伊藤園が飲料の自販機で導入する。5年間で5000台の自販機に導入することを目指す。

　自動販売機に据え付けた専用機器に顔をかざすと、本人確認した上でひも付けたクレジットカードで決済する仕組み。事前に自販機に記載されたQRコードから顔の画像や氏名、クレジットカード情報、購入時に使うパスコードなどを登録しておく。

　購入時は顔を撮影し、パスコードを入力するとクレジットカードで決済できる。最低20台からで、その場合の専用機器費用を含む初期費用は450万円、サービスの月額利用料は15万円に設定した。

　工場や建設現場、セキュリティー上の理由で私物を持ち込めない場所など、現金やスマートフォンでの決済が難しい場所でのニーズを見込む。さらに、サービ

スを通じて蓄積したデータを分析し飲料企業のマーケティングに役立てる。顔画像から推定した利用者の年代など属性情報や、飲料を買った時間などのデータを活用する。

NECは顔認証の技術に強みがある。これまで、米国立標準技術研究所（NIST）による評価で複数回世界一を獲得している。すでにオフィスの入退場管理向けなどで利用が広がる。今後は決済での活用例を増やし、さらに技術を普及させることを目指す。

■ NEC、防衛事業で 200 億円投じ新工場 1000 人増員（11/30）

NECは11月30日に投資家向け説明会を開き、約200億円を投資して防衛装備品の生産能力を増やす方針を明らかにした。東京都府中市の拠点に新工場を建設するほか、未活用の施設を防衛事業向けに改修する。政府の防衛費増額を背景に受注増を狙う。

新工場は着工済みで、2025年3月までに完成させる。人員も26年3月期までに1000人規模を新たに増やす。伸び悩んでいる高速通信規格「5G」関連事業の人員などを転換する。NECは防空レーダーや潜水艦ソナーなどを手がけている。

藤川修・最高財務責任者（CFO）は「中計策定時には政府の防衛予算増を想定していなかった。需要拡大の機会を着実にとらえてより早く成長する」と話した。

航空宇宙・防衛事業は、会計処理など特殊要因を除いた売上収益を26年3月期に23年3月期比で50%増の3500億円に伸ばす。M&A（合併・買収）関連費用を除いた調整後営業利益は75%増の420億円を目指す。この営業利益率は23年3月期の10%から26年3月期に12%へ引き上げる。

主力のIT（情報技術）サービス事業は国内事業がけん引する。売上収益は26年3月期に1兆6900億円と23年3月期比で15%伸ばす。課題の通信事業は中期経営計画で成長領域としていた5G事業の計画を見直し、26年3月期の売上収益目標を1900億円としていたのを1270億円に引き下げた。

防衛事業とITなどで補い、連結全体での中計目標である26年3月期に売上収益3兆5000億円、調整後営業利益3000億円は変えなかった。

✔2022年の重要ニュース (出典：日本経済新聞)

■ NEC、行政のクラウド移行支援　サービス体系化（1/19）

　NECは19日、官公庁向けのIT（情報技術）サービスを体系化して提供すると発表した。第1弾として、同日からクラウドへの移行を支援するサービスを始めた。今後、システム開発の内製化の支援や職員の業務を効率化するサービスを開発して提供する計画だ。

　政府がクラウド利用を推進する原則を打ち出していることに対応する。個々の案件ごとにサービスを開発するのではなく、体系化して販売することで「より早く、よりよいものを提供できる」（中俣力執行役員常務）。

　自社製品に加え、アマゾン・ウェブ・サービス（AWS）や米マイクロソフトなどの他社製品も含めたクラウドの導入、構築、運用を支援する。クラウド上のシステムをつなぐ安全なネットワークや、クラウド導入で通信やデータのやり取りが複雑化したことに対応したセキュリティーサービスも提供する。

　NECはデンマークで行政向けのITサービスを提供するKMDを2019年に買収するなど、行政のデジタルトランスフォーメーション（DX）関連事業に力を入れる。

■ NEC、「6G」で東大と連携　キャンパスで実証実験（2/16）

　NECは東京大学大学院工学系研究科と連携し、次世代通信規格「6G」などの通信技術に関連する技術開発や人材育成に取り組む講座を開設したと発表した。通信速度の向上や大容量化など社会で利用しやすくする技術の開発を目指す。東大のキャンパス内で実証実験をする計画だ。

　2021年の12月に講座を設置した。設置期間は24年11月までを予定する。東大大学院工学系研究科の中尾彰宏教授が代表教員を務める。東大、NECの双方から5人ほどの研究者、技術者が講座で研究に取り組む。

　NEC新事業推進本部の新井智也本部長は「利用者が高品質と体感できる通信技術を開発する」と話す。中尾教授は「キャンパス内で実際に生活する中で技術を実際に利用し、課題を検証したい」と今後の展望を述べた。

■ NEC、AI研究用スパコン新設　国内最大の計算速度（5/16）

　NECは2023年3月をめどに国内企業で最大規模の人工知能（AI）研究用スーパーコンピューターを構築する。計算速度は1秒あたり58京（京は1兆の1万倍）回と、AIでよく使われるGPU（画像処理半導体）を用いたなかで現在最大級と

されるものの約3倍の速さを目指す。自社の研究用に使い、最先端のAIの開発や優秀な研究者の獲得につなげる。

　投資額は数十億円程度を見込む。来年に向けてすでにスパコンの一部を動かしており、今後さらに増強する。米半導体大手エヌビディアのGPUを搭載し、独自に構築する。クラウドではなく自社内に設備を持つことで、セキュリティーを確保しながらデータを使える。AIがデータを学習する時間を従来の4600分の1に短縮できるという。

　世界では米グーグルや米マイクロソフトなどがAI向けの自社スパコンの整備に力を入れる。NECの山田昭雄執行役員は「かつてはアイデアの勝負だったが、現在は設備でも勝負しなければ競争力を持てない」と話す。新スパコンによって学習に時間をかけずに試行錯誤を繰り返せるようにし、国産AIの量産を目指す。

■ NECブランド、ゲーム向けPC再参入　24年ぶり（7/5）

　中国レノボ・グループ傘下のNECパーソナルコンピュータは5日、ゲーム向けパソコン（PC）に再参入すると発表した。コントローラーなど周辺機器とセットで販売することで、PCゲーム入門者が手に取りやすくした。従来のゲーム向けPC購入者の中心だった20〜30代以外の層を取り込む。

　机上に置いて使うデスクトップ型PC「LAVIE GX」シリーズの受注を5日から始める。NECブランドとしてゲーム向けPCを発売するのは24年ぶりとなる。コントローラーのほか、キーボード、ヘッドセット、マウスも一緒に提供する。直販モデルと店販モデルを用意する。店販の上位モデルの参考価格は30万2280円。

　黒色の本体には和柄の彫りを入れて、派手すぎないデザインとした。ゲームの俊敏な操作を可能にするGPU（画像処理半導体）には米エヌビディア製のGeForce（ジーフォース）「RTX 3060」を搭載し、様々なゲームを快適に楽しめるようにした。

　ゲーム向けPCの国内市場では現在、米国や台湾メーカーの製品が人気を集めており、レノボも既に展開している。NECパーソナルコンピュータの河島良輔執行役員は「ゲーム向けPCは基本性能が高く、ゲーム以外の用途で使う人も多いので、ゲームができるハイパフォーマンスPCとして訴求したい」と話した。

　政府が教育向けに大量に配布した特需の後、国内PC市場は縮小しているが、ゲーム向けPCは動画配信サービスによる「ゲーム実況」の人気に伴い販売が好調だ。調査会社GfKジャパン（東京・中野）によると、2021年の個人向けPC販売に占めるゲーム向けPCの販売台数比率は8%。1%だった15年から年々比率が上がっている。

✔2021年の重要ニュース (出典：日本経済新聞)

■ NEC、医療機器販売に参入　AI で大腸がん判断（1/12）

NEC は人工知能（AI）を活用した医療機器の販売に乗り出す。大腸がん検査の内視鏡画像を AI がリアルタイムで解析し、医師ががんや前段階のポリープを見つけるのを支える。国立がん研究センターと連携し 1 万件以上の病症を AI に学習させた。判別が難しいわずかな異常も自動で検出し医師の見落としを防ぐ。5 年で国内と欧州で 1 千台の販売を目指す。

NEC が開発した AI システムがこのほど、同社初となる医薬品医療機器等法に基づく承認を取得した。システムを搭載した端末やモニターを内視鏡に接続して使う。

2016 年から国立がん研究センターと共同で開発を進めてきた。AI ががんやポリープを判定する精度は 9 割以上で、検出結果を参考にすることで医師の経験などにかかわらず効果的な検査が期待できる。

NEC が強みとする顔認証技術を応用し、検出の精度を高めた。大腸内の色や凹凸、模様といった肉眼では識別が難しいポリープの特徴をとらえ、異常が疑われる部位を画面上で円で囲んだり、アラーム音を鳴らしたりして知らせる。

大腸がんは国内で最も罹患（りかん）率が高いがんとされる。検査でポリープを早期発見できれば予防しやすいが、肉眼で微小な特徴を見つけるのは熟練の医師でも簡単でなく、検査では 2 割以上のポリープが見逃されているとの報告もある。

NEC は今後、AI による画像解析システムを胃がんや食道がんの検査などに広げていく。19 年には定款を変更して事業内容に「医薬」を追加しており、創薬や医療機器の分野で事業を広げていく考え。今回の機器は 1 台 400 万円程度から販売し、5 年後に関連事業で 100 億円の売上高を見込む。

■ 教育向けサービス強化　25 年度までに 1 千億円（2/25）

NEC は 25 日、同社が手掛ける教育機関向けのクラウド「オープンプラットフォーム for エデュケーション（OPE）」を軸に教育市場向けサービスを強化すると発表した。政府が小中学校で一人一台の学習端末を配備する「GIGA スクール構想」で教育のデジタル化が加速する中、2021 年度から 25 年度までの 5 年間で累計 1 千億円の売り上げを目指す。

「文部科学省の学習 e ポータルの仕様に準拠し、学校教育のハブとしての役割

を果たしたい」。オンライン会見に登壇した第一官公ソリューション事業部の田畑太嗣シニアマネージャーはこう意気込む。学習端末からデジタル教材などの学習用ツールにつなげるハブとして OPE のサービスを強化する。

OPE では課題となっている生徒のアカウント管理ができる機能を搭載するほか、生徒の学習記録や学力テストの結果などを記録して教師による生徒一人ひとりへの最適な学習支援につなげる。書籍取次の日教販（東京・文京）との協業で学習ドリルなどのコンテンツの拡充も進める。

22 年度以降は探求型授業を支援するサービスも提供する。例えば、グループ学習などでの各グループの生徒の発言を文字として記録して教師による指導をサポートする。既に京都市内の小中学校で実証実験を進めており、今後の開発に生かす方針だ。

NEC は同日、教育機関向けパソコン「クロームブック Y3」も発表。6 月から出荷を始める予定で、端末とクラウドをあわせて手掛けることで教育機関向けのクラウドで先行する競合他社と差異化する。

■ NEC、オンライン診療など参入　25 年度末 200 施設目指す（11/17）

NEC は 17 日、オンライン診療や周辺病院との連携などができるクラウドサービスを始めたと発表した。オンライン診療システムは対面診療で使う電子カルテと連携し、情報が散らばることを防ぐ。病床数数百床以上の急性期病院を中心に、2025 年度末までに 200 施設への提供を目指す。

提供を開始したサービスは 4 種類。「MegaOak Telehealth」は、診療や周辺病院との連携をオンラインで可能にする。実証実験では、周辺の小規模病院から大規模病院へ患者 1 人を紹介する際、大規模病院での診察予約を調整するのにかかる時間が約 65% 削減できた。

「MegaOak Template for 問診」は患者が診察前に自身のスマートフォンなどから問診を入力できる。「MegaOak Voice Assist」は音声認識で看護記録入力を補助し、記録にかかる時間を同じ文字数あたりで半減できるという。「MegaOak Cloud Gateway」は、これら 3 つのサービスが電子カルテと接続するための基盤となる。

NEC は 50 年以上前から医療事務システムや電子カルテなどの医療関連サービスを提供してきた。電子カルテサービスは 300 床以上の病床を持つ急性期の病院を中心に全国約 300 施設で導入されている。新サービスでは医療従事者の過重労働などの問題解決を支援することで利用の拡大を目指す。

✔ 就活生情報

総合職 (2023年度採用)

エントリーシート
・形式：採用ホームページから記入
・内容：自己PR，学生時代に最も力を入れて取り組んだこと，事業部の志望理由・やりたい事

セミナー
・選考とは無関係
・服装：全くの普段着

筆記試験
・形式：Webテスト
・科目：数学，算数／国語，漢字／性格テスト　内容：監査型SPI

面接（個人・集団）
・雰囲気：和やか
・回数：1回
・質問内容：研究内容に関すること，学生時代の活動に関すること

内定
・拘束や指示：1週間以内に回答
・通知方法：メール
・タイミング：予定より早い

志望業界の理由を明確にして，将来やりたいことを明確にするのが大事。その上で仕事に結びつけた自己PRをしましょう

SE （2023年度採用）

エントリーシート
・形式：採用ホームページから記入
・内容：ガクチカ，自己PR，志望動機

セミナー
・選考とは無関係
・服装：全くの普段着
・内容：事業内容などの説明

筆記試験
・形式：Webテスト
・科目：数学，算数／国語，漢字

面接（個人・集団）
・雰囲気：和やか
・回数：1回
・質問内容：研究内容，志望動機，自己PR，ストレス耐性，なぜこの部署か，やりたい仕事

内定
・拘束や指示：推薦なので，承諾すると辞退できない
・通知方法：メール
・タイミング：予定より早い

▶ その他受験者からのアドバイス
・面接が一度だけでスムーズ
・事前準備の資料が大変

マッチング面談での研究内容の発表では「わかりやすさ」が重視されます

SE 2021卒

エントリーシート

・形式：採用ホームページから記入
・内容：研究内容，志望動機，学生時代に力を入れたこと，一番得意な科目，志望部門とその理由など一般的な内容。最後に「何かあれば書いてください」という欄があるので，自分は熱意を書いた

セミナー

・選考とは無関係
・服装：リクルートスーツ
・内容：一般的な会社説明会

筆記試験

・形式：Webテスト
・科目：英語 / 数学，算数 / 国語，漢字 / 性格テスト

面接 （個人・集団）

・雰囲気：普通
・回数：1回
・質問内容：ジョブマッチング面談 (30分)，志望部門の社員2名と進行役の人事1名で実施。前半は事前に準備した資料をもとに研究内容の説明，後半はエントリーシート記載内容の深堀り

内定

・拘束や指示：マッチング成立後に最終面接への参加の可否が問われる
・通知方法：メール

エントリーシートや面接の準備をする際は，今まで
の自分を振り返り「なぜそう思ったか・行動したか」
を知ることが大切です

SE（学校推薦）2021卒

エントリーシート

・形式：採用ホームページから記入
・内容：志望理由，自己PR，得意な学科，趣味やサークルなど，研究内容（学部・修士）

セミナー

・選考とは無関係

筆記試験

・形式：Webテスト
・科目：数学，算数/国語，漢字/性格テスト
・内容：通常はSPI（コロナ禍のためWebテストになった）。言語，非言語，性格診断×2種類

面接（個人・集団）

・雰囲気：普通
・回数：1回
・質問内容：初めにプレゼンをし，その後プレゼン内容に対する質問，リーダーとして苦労した点やうまくいかなかった時にどう行動したかなど

内定

・拘束や指示：面接でマッチング成立後，1週間以内に承諾するか辞退するか決める必要があり，それ以降は辞退できない
・通知方法：メール

▶ その他受験者からのアドバイス

・推薦の場合は1回目の面接で落ちても，2回までは受けることができる
・ただし受けるのが遅いと，1回しか受けることができなくなる

OB訪問はした方がいい。面接でOB訪問をしたと伝えるとかなり印象がよかった

事務系総合職 2020卒

エントリーシート

・内容：これまでにNECグループバリューに近いと思われる価値観や行動をしてきた経験について，ICTを活用して実現したいこととその理由，上記で答えたことを実現するためにどのように行動していく必要があるか，具体的に経験してきた行動を「人財哲学」に照らし合わせて述べる

セミナー

・選考とは無関係　服装：リクルートスーツ
・内容：最初に会社説明が30分程行われた後社員座談会があった

筆記試験

・形式：Webテスト　科目：数学，算数／国語，漢字／性格テスト
・内容：エントリーシート提出時に玉手箱，その後グループディスカッション通過後にSPI

面接（個人・集団）

・質問内容：学生時代頑張ったこと，関係のない学部なのになぜSIer業界なのか，ストレスを感じた経験はあるか，NECでやりたいこと，まわりからどのような人だといわれるか　など

グループディスカッション

・テーマ：架空のホームセンターの新規店舗をどの地域に作るかを決める。地域の特性や他店状況など様々なデータを読み込んだ後議論する

内定

・拘束や指示：入社すると言わないと，内々定はあげられないと言われた
・通知方法：電話

● その他受験者からのアドバイス

・企業の業績や展望はチェックするべき。特にリストラが直近であった企業は，その詳細を社員に聞くべき

インターンに行くとその会社のことがよくわかるので，行っておいた方がいいです

技術系総合職（学校推薦）2020卒

エントリーシート

・内容：学部，修士，博士での研究テーマ，コンピュータスキル，自己PR，希望部門とその理由，学術学会・学会での発表・表彰実績，留学経験等，得意な学科，学業成績，趣味・特技・所属クラブ・サークル等

セミナー

・選考とは無関係　服装：リクルートスーツ
・内容：NECの使命について，注力する分野，募集職種，求める人物像，選考フロー。事業領域が広いため事業内容の説明は漠然としていた

筆記試験

・形式：Webテスト
・科目：数学，算数/国語，漢字/性格テスト
・内容：能力検査（テストセンター），性格検査（玉手箱）

面接（個人・集団）

・質問内容：エントリーシートの深堀りが主。学生の本質を見抜こうとして優しい対応が多かった。実体験から得た学びを基になぜNECでなければ，自分のやりたいことや希望職種でなければならないのか論理立てて説明することが重要だと感じた。またマッチング方式なので，自分に向いている事業部であるかどうかを，あらかじめリサーチすることが重要

内定

・拘束や指示：学内推薦なので推薦状の提出と他社選考の辞退が指示される。マッチング成立し承諾した段階からNECの選考辞退はできない

● その他受験者からのアドバイス

・NECの場合，企業情報や業界について詳しく書いてある本も多数あったため，それを重点的に確認して面接等に臨んだ。また入社を決めるに際して，NECが主催するセミナーは参加できるものはすべて参加し，事業部とのマッチングミスが起こらないように努めた

HW開発（学校推薦）2019卒

エントリーシート
- 形式：採用ホームページから記入
- 内容：学部，修士，博士での研究テーマ，コンピュータスキル，自己PR，希望部門とその理由，学術学会・学会での発表・表彰実績，留学経験等，得意な学科，学業成績，趣味・特技・所属クラブ・サークル等

セミナー
- 選考とは無関係
- 内容：NECの使命について，注力する分野，募集職種，求める人物像，選考フロー。NECは事業領域が広いため，事業内容の説明は漠然とした内容だった

筆記試験
- 形式：Webテスト
- 科目：数学，算数／国語，漢字／性格テスト
- 内容は，能力検査（テストセンター），性格検査（玉手箱）

面接（個人・集団）
- 雰囲気：普通
- 回数：2回
- 質問内容：研究テーマについて，入社してからやりたいこと，サークルでの役割，逆質問

内定
- 拘束や指示：学校推薦の場合，マッチング成立以降は辞退できない

頑張ったこと，やりたいことをかなり深く聞かれます。まとめておくようにしましょう

営業職 2018卒

エントリーシート
・形式：採用ホームページから記入

セミナー
・選考とは無関係
・服装：リクルートスーツ

筆記試験
・形式：Webテスト
・科目：SPI（，数学，算数／国語，漢字）

面接（個人・集団）
・雰囲気：和やか
・回数：2回
・質問内容：一次は頑張ったことをかなり深く。最終では，やりたいことのみをかなり深く

グループディスカッション
・テーマ：ある企業の本社移転地をどこにするか膨大な資料をもとに決定するというもの

内定
・通知方法：電話

● その他受験者からのアドバイス
・よかった点は，面接が和やかだった
・よくなかった点は，第一志望の人なんていないことがOG訪問を繰り返したり，座談会で知った

社員に自分の大学のOB等がいたら大いに活用し情報をもらうと良い。積極的な姿勢を見せましょう

SE（推薦）2018卒

エントリーシート

- ・形式：採用ホームページから記入
- ・内容：自己PR，志望動機，学生時代の得意科目，サークルやクラブ活動，学業成績など一般的なエントリーシート

セミナー

- ・内容：マイナビやリクナビなどで受け取る情報ではなく，学内に掲示されている２月中旬に行われた合同説明会に参加した。このときが企業との初コンタクトで，企業の基本情報や，どんな事業部があってそれぞれどんなことをしているかを聞いた

筆記試験

- ・形式：Webテスト
- ・科目：数学，算数／国語，漢字／性格テスト
- ・内容：テストセンターで受験した。言語と非言語，それに性格診断

面接（個人・集団）

- ・雰囲気：和やか　回数：２回
- ・質問内容：基本的にはエントリーシートに沿った質問で，細かいところを深堀されるような内容

内定

- ・拘束や指示：推薦での選考なのでジョブマッチングが成立し，その後推薦状を提出すると辞退はできない
- ・タイミング：予定通り

▶ その他受験者からのアドバイス

- ・よかった点は，推薦での選考は面接が実質一回で，個人にもよるがこれは学生側からしたら手間も少なく助かる
- ・よくなかった点は，良い点でも挙げたが面接が一回というのは個人によっては悪い点かもしれない。不完全燃焼で終わる可能性もある

理系の学生で，第１志望にしているなら推薦がおすすめ。短期間での就活後は研究に専念できます

技術採用（推薦）2018卒

エントリーシート
・形式：採用ホームページから記入
・内容：研究内容について，自己PR，希望部門とその理由，資格

セミナー
・選考とは無関係
・服装：リクルートスーツ
・内容：学校推薦の希望部門別説明会に参加したのだが，事業内容を説明された後，座談会形式で社員の方の話を聞いた

筆記試験
・形式：Webテスト
・科目：数学，算数／国語，漢字／性格テスト

面接（個人・集団）
・雰囲気：普通
・回数：1回
・質問内容：大学生活で困難だったこと，大学生活で最も注力したこと，他社の選考状況，海外転勤OKか，人間関係で気をつけていること

内定
・拘束や指示：ジョブマッチング成立連絡後，一週間以内に回答が必要
・通知方法は，メール
・タイミング：予定通り

● その他受験者からのアドバイス
・リクルーターの方が「自社にかかわらず良い選択ができるように」と言って他社でも役立つようなアドバイスの仕方をしてくれた
・ESはリクルーターの方がかなり厳しめに添削してくれる上，基本的な内容なので，同じ業界で使い回すことができる。この添削のおかげか，他社15社ほど受けたがESで落ちたことはない

✔ 有価証券報告書の読み方

01 部分的に読み解くことからスタートしよう

　「有価証券報告書（以下，有報）」という名前を聞いたことがある人も少なくはないだろう。しかし，実際に中身を見たことがある人は決して多くはないのではないだろうか。有報とは上場企業が年に1度作成する，企業内容に関する開示資料のことをいう。開示項目には決算情報や事業内容について，従業員の状況等について記載されており，誰でも自由に見ることができる。

　一般的に有報は，証券会社や銀行の職員，または投資家などがこれを読み込み，その後の戦略を立てるのに活用しているイメージだろう。その認識は間違いではないが，だからといって就活に役に立たないというわけではない。就活を有利に進める上で，お得な情報がふんだんに含まれているのだ。ではどの部分が役に立つのか，実際に解説していく。

■有価証券報告書の開示内容
　では実際に，有報の開示内容を見てみよう。

有価証券報告書の開示内容
第一部【企業情報】
第1　【企業の概況】
第2　【事業の状況】
第3　【設備の状況】
第4　【提出会社の状況】
第5　【経理の状況】
第6　【提出会社の株式事務の概要】
第7　【提出会社の状参考情報】
第二部【提出会社の保証会社等の情報】
第1　【保証会社情報】
第2　【保証会社以外の会社の情報】
第3　【指数等の情報】

有報は記載項目が統一されているため，どの会社に関しても同じ内容で書かれている。このうち就活において必要な情報が記載されているのは，第一部の第1【企業の概況】〜第5【経理の状況】まで，それ以降は無視してしまってかまわない。

02 企業の概況の注目ポイント

　第1【企業の概況】には役立つ情報が満載。そんな中，最初に注目したいのは，冒頭に記載されている【主要な経営指標等の推移】の表だ。

回次		第25期	第26期	第27期	第28期	第29期
決算年月		平成24年3月	平成25年3月	平成26年3月	平成27年3月	平成28年3月
営業収益	(百万円)	2,532,173	2,671,822	2,702,916	2,756,165	2,867,199
経常利益	(百万円)	272,182	317,487	332,518	361,977	428,902
親会社株主に帰属する当期純利益	(百万円)	108,737	175,384	199,939	180,397	245,309
包括利益	(百万円)	109,304	197,739	214,632	229,292	217,419
純資産額	(百万円)	1,890,633	2,048,192	2,199,357	2,304,976	2,462,537
総資産額	(百万円)	7,060,409	7,223,204	7,428,303	7,605,690	7,789,762
1株当たり純資産額	(円)	4,738.51	5,135.76	5,529.40	5,818.19	6,232.40
1株当たり当期純利益	(円)	274.89	443.70	506.77	458.95	625.82
潜在株式調整後1株当たり当期純利益	(円)	—	—	—	—	—
自己資本比率	(%)	26.5	28.1	29.4	30.1	31.4
自己資本利益率	(%)	5.9	9.0	9.5	8.1	10.4
株価収益率	(倍)	19.0	17.4	15.0	21.0	15.5
営業活動によるキャッシュ・フロー	(百万円)	558,650	588,529	562,763	622,762	673,109
投資活動によるキャッシュ・フロー	(百万円)	△370,684	△465,951	△474,697	△476,844	△499,575
財務活動によるキャッシュ・フロー	(百万円)	△152,428	△101,151	△91,367	△86,636	△110,265
現金及び現金同等物の期末残高	(百万円)	167,525	189,262	186,057	245,170	307,809
従業員数 [ほか，臨時従業員数]	(人)	71,729 [27,746]	73,017 [27,312]	73,551 [27,736]	73,329 [27,313]	73,053 [26,147]

　見慣れない単語が続くが，そう難しく考える必要はない。特に注意してほしいのが，**営業収益**，**経常利益**の二つ。営業収益とはいわゆる**総売上額**のことであり，これが企業の本業を指す。その営業収益から営業費用（営業費（販売費＋一般管理費）＋売上原価）を差し引いたものが**営業利益**となる。会社の業種はなんであれ，モノを顧客に販売した合計値が営業収益であり，その営業収益から人件費や家賃，広告宣伝費などを差し引いたものが営業利益と覚えておこう。対して経常利益は営業利益から本業以外の損益を差し引いたもの。いわゆる金利による収益や不動産収入などがこれにあたり，本業以外でその会社がどの程度の力をもっているかをはかる絶好の指標となる。

■会社のアウトラインを知れる情報が続く。

　この主要な経営指標の推移の表につづいて，「会社の沿革」，「事業の内容」，「関係会社の状況」「従業員の状況」などが記載されている。自分が試験を受ける企業のことを，より深く知っておくにこしたことはない。会社がどのように発展してきたのか，主としている事業はどのようなものがあるのか，従業員数や平均年齢はどれくらいなのか，志望動機などを作成する際に役立ててほしい。

03　事業の状況の注目ポイント

　第2となる【事業の状況】において，最重要となるのは**業績等の概要**といえる。ここでは1年間における収益の増減の理由が文章で記載されている。「○○という商品が好調に推移したため，売上高は△△になりました」といった情報が，比較的易しい文章で書かれている。もちろん，損失が出た場合に関しても包み隠さず記載してあるので，その会社の1年間の動向を知るための格好の資料となる。

　また，業績については各事業ごとに細かく別れて記載してある。例えば鉄道会社ならば，①運輸業，②駅スペース活用事業，③ショッピング・オフィス事業，④その他といった具合だ。**どのサービス・商品がどの程度の売上を出したのか**，会社の持つ展望として，今後**どの事業をより活性化**していくつもりなのか，などを意識しながら読み進めるとよいだろう。

■「対処すべき課題」と「事業等のリスク」

　業績等の概要と同様に重要となるのが，「**対処すべき課題**」と「**事業等のリスク**」の2項目といえる。ここで読み解きたいのは，その会社の**今後の伸びしろ**について。いま，会社はどのような状況にあって，どのような課題を抱えているのか。また，その課題に対して取られている対策の具体的な内容などから経営方針などを読み解くことができる。リスクに関しては法改正や安全面，他の企業の参入状況など，会社にとって決してプラスとは言えない情報もつつみ隠さず記載してある。客観的にその会社を再評価する意味でも，ぜひ目を通していただきたい。

　次代を担う就活生にとって，ここの情報はアピールポイントとして組み立てやすい。「新事業の○○の発展に際して……」，「御社が抱える●●というリスクに対して……」などという発言を面接時にできれば，面接官の心証も変わってくるはずだ。

　最後に注目したいのが，第5【経理の状況】だ。ここでは，簡単にいえば【主要な経営指標等の推移】の表をより細分化した表が多く記載されている。ここの情報をすべて理解するのは，簿記の知識がないと難しい。しかし，そういった知識があまりなくても，読み解ける情報は数多くある。例えば**損益計算書**などがそれに当たる。

連結損益計算書

（単位：百万円）

	前連結会計年度 （自 平成26年4月1日 至 平成27年3月31日）	当連結会計年度 （自 平成27年4月1日 至 平成28年3月31日）
営業収益	2,756,165	2,867,199
営業費		
運輸業等営業費及び売上原価	1,806,181	1,841,025
販売費及び一般管理費	※1 522,462	※1 538,352
営業費合計	2,328,643	2,379,378
営業利益	427,521	487,821
営業外収益		
受取利息	152	214
受取配当金	3,602	3,703
物品売却益	1,438	998
受取保険金及び配当金	8,203	10,067
持分法による投資利益	3,134	2,565
雑収入	4,326	4,067
営業外収益合計	20,858	21,616
営業外費用		
支払利息	81,961	76,332
物品売却損	350	294
雑支出	4,090	3,908
営業外費用合計	86,403	80,535
経常利益	361,977	428,902
特別利益		
固定資産売却益	※4 1,211	※4 838
工事負担金等受入額	※5 59,205	※5 24,487
投資有価証券売却益	1,269	4,473
その他	5,016	6,921
特別利益合計	66,703	36,721
特別損失		
固定資産売却損	※6 2,088	※6 1,102
固定資産除却損	※7 3,957	※7 5,105
工事負担金等圧縮額	※8 54,253	※8 18,346
減損損失	※9 12,738	※9 12,297
耐震補強重点対策関連費用	8,906	10,288
災害損失引当金繰入額	1,379	25,085
その他	30,128	8,537
特別損失合計	113,379	80,763
税金等調整前当期純利益	315,300	384,860
法人税、住民税及び事業税	107,540	128,972
法人税等調整額	26,202	9,326
法人税等合計	133,742	138,298
当期純利益	181,558	246,561
非支配株主に帰属する当期純利益	1,160	1,251
親会社株主に帰属する当期純利益	180,397	245,309

　主要な経営指標等の推移で記載されていた**経常利益**の算出する上で必要な営業外収益などについて，詳細に記載されているので，一度目を通しておこう。
　いよいよ次ページからは実際の有報が記載されている。ここで得た情報をもとに有報を確実に読み解き，就職活動を有利に進めよう。

✔ 有価証券報告書

■ 企業の概況

1 主要な経営指標等の推移

（1） 連結経営指標等 ·····························

回次		第181期	第182期	第183期	第184期	第185期
決算年月		2019年3月	2020年3月	2021年3月	2022年3月	2023年3月
売上収益	（百万円）	2,913,446	3,095,234	2,994,023	3,014,095	3,313,018
税引前損益	（百万円）	77,308	123,969	157,831	144,436	167,671
親会社の所有者に帰属する当期損益	（百万円）	39,675	99,967	149,606	141,277	114,500
親会社の所有者に帰属する当期包括利益	（百万円）	△4,955	69,622	356,343	232,839	172,601
親会社の所有者に帰属する持分	（百万円）	858,939	910,674	1,308,151	1,513,503	1,623,817
総資産額	（百万円）	2,963,222	3,123,254	3,668,564	3,761,733	3,984,050
1株当たり親会社所有者帰属持分	（円）	3,307.30	3,508.16	4,800.67	5,555.04	6,096.59
基本的1株当たり当期損益	（円）	152.75	385.02	557.18	518.54	424.51
希薄化後1株当たり当期損益	（円）	152.75	385.01	557.18	518.54	424.50
親会社所有者帰属持分比率	（％）	29.0	29.2	35.7	40.2	40.8
親会社所有者帰属持分当期利益率	（％）	4.6	11.3	13.5	10.0	7.3
株価収益率	（倍）	24.52	10.25	11.70	9.93	12.01
営業活動によるキャッシュ・フロー	（百万円）	64,235	261,863	274,907	147,517	152,127
投資活動によるキャッシュ・フロー	（百万円）	△76,675	△84,023	△122,491	△63,377	△49,591
財務活動によるキャッシュ・フロー	（百万円）	△50,503	△91,747	1,394	△189,616	△122,786
現金及び現金同等物の期末残高	（百万円）	278,314	359,252	523,345	430,778	419,462
従業員数	（人）	110,595	112,638	114,714	117,418	118,527

(注) 1　国際財務報告基準（以下「IFRS」という。）に基づいて連結財務諸表を作成しています。

　　2　第182期よりIFRS第16号「リース」を適用しています。

　　　　なお，累積的影響を適用開始日に認識する方法を採用し，比較情報は修正再表示していません。

　　3　第181期に取得したケーエムディ・ホールディング社の暫定的な会計処理を第182期に確定させたため，第181期の関連する数値を遡及修正しています。

ⓟⓞⓘⓝⓣ 主要な経営指標等の推移

　　数年分の経営指標の推移がコンパクトにまとめられている。見るべき箇所は連結の売上，利益，株主資本比率の3つ。売上と利益は順調に右肩上がりに伸びているか，逆に利益で赤字が続いていたりしないかをチェックする。株主資本比率が高いとリーマンショックなど景気が悪化したときなどでも経営が傾かないという安心感がある。

(2) 提出会社の経営指標等 ··

回次		第181期	第182期	第183期	第184期	第185期
決算年月		2019年3月	2020年3月	2021年3月	2022年3月	2023年3月
売上高	（百万円）	1,654,242	1,789,661	1,705,459	1,664,434	1,775,558
経常損益	（百万円）	35,644	64,508	66,267	28,461	71,210
当期純損益	（百万円）	21,603	38,843	164,404	82,200	102,109
資本金	（百万円）	397,199	397,199	427,831	427,831	427,831
発行済株式総数	（千株）	260,473	260,473	272,850	272,850	272,850
純資産額	（百万円）	720,575	719,433	928,862	976,260	1,017,113
総資産額	（百万円）	2,129,875	2,100,174	2,396,088	2,321,679	2,431,755
1株当たり純資産額	（円）	2,774.49	2,771.40	3,408.74	3,583.17	3,818.72
1株当たり配当額 （うち1株当たり中間配当額）	（円）	40.00 (0.00)	70.00 (30.00)	90.00 (40.00)	100.00 (50.00)	110.00 (55.00)
1株当たり当期純損益金額	（円）	83.17	149.60	612.27	301.71	378.57
潜在株式調整後1株 当たり当期純利益金額	（円）	—	—	—	—	—
自己資本比率	（%）	33.8	34.3	38.8	42.0	41.8
自己資本利益率	（%）	3.0	5.4	19.9	8.6	10.2
株価収益率	（倍）	45.03	26.37	10.65	17.07	13.47
配当性向	（%）	48.1	46.8	14.7	33.1	29.1
従業員数	（人）	20,252	20,125	20,589	21,350	22,036
株主総利回り （比較指標：TOPIX（配当込み））	（%） （%）	126.5 (95.0)	135.6 (85.9)	224.7 (122.1)	182.2 (124.6)	184.2 (131.8)
最高株価	（円）	3,925	5,180	6,810	6,850	5,590
最低株価	（円）	2,893	3,180	3,705	4,330	4,405

（注) 1 「潜在株式調整後1株当たり当期純利益金額」は，潜在株式が存在しないため記載していません。

　　 2 最高・最低株価は，2022年4月4日より東京証券取引所プライム市場におけるものであり，それ以前は東京証券取引所市場第一部におけるものです。

2 沿革

年月	事項
1899年7月	・米国ウェスタン・エレクトリック・カンパニー（略称W.E.社）が発起人の一員となり，日本電気株式会社設立
1918年4月	・W.E.社は，海外投資部門を分離してインターナショナル・ウェスタン・エレクトリック社（略称 I.W.E.社）とし，I.W.E.社が当社株式を承継

1925年9月	・I.W.E.社は，インターナショナル・テレホン・アンド・テレグラフ社に買収され，インターナショナル・スタンダード・エレクトリック・コーポレーション（略称 I.S.E.社）と改称
1932年6月	・I.S.E.社は，当社の経営を住友本社に委託
1936年6月	・玉川工場新設 I.S.E.社所有の当社株式が敵国資産として処分されたため，同社との資本提携解消
1941年12月	・社名を「住友通信工業株式会社」に変更
1943年2月	・再び社名を「日本電気株式会社」に変更
1945年11月	・東京証券取引所に上場（その後，1961年10月に市場第二部の開設に伴い，市場第一部へ）I.S.E.社と資本提携復活
1949年5月	・事業部制の採用（通信機，電波機器，電子機器，電子部品，商品および海外の6事業部）
1951年11月	・相模原工場新設
1961年4月	・通信機器等の販売を行う米国ニッポン・エレクトリック・ニューヨーク社（現 NEC コーポレーショ
1962年11月	・ン・オブ・アメリカ社）設立
1963年1月	・府中事業所新設
1964年9月	・新事業部制の採用（中央研究所，15事業部，3開発本部，2営業部）
1965年5月	・中央研究所完成
1975年9月	・我孫子事業場新設
1982年10月	・事業本部制の採用（22事業本部）
1993年7月	・社内カンパニー（NEC ソリューションズ，NEC ネットワークス，NEC エレクトロンデバイス）制
2000年4月	・および執行役員制の導入
2003年4月	・社内カンパニー制から事業ライン制（9事業ライン）に移行
2004年4月	・事業ライン制からビジネスユニット制（11ビジネスユニット）に移行（その後再編等により，現在は5ビジネスユニット）
2005年6月	・株式交換により，NEC ソフト（株）および NEC システムテクノロジー（株）を完全子会社化（その後両社は合併し，現 NEC ソリューションイノベータ（株））
2006年5月	・株式交換により，NEC インフロンティア（株）（現 NEC プラットフォームズ（株））を完全子会社化
2014年7月	・普通株式に対する公開買付けにより，NEC フィールディング（株）を完全子会社化
2017年1月	・普通株式に対する公開買付けにより，日本航空電子工業（株）を連結子会社化

(point) 沿革

　どのように創業したかという経緯から現在までの会社の歴史を年表で知ることができる。過去に行った重要な M&A などがいつ行われたのか，ブランド名はいつから使われているのか，いつ頃から海外進出を始めたのか，など確認することができて便利だ。

| 2022年4月 | ・東京証券取引所の市場区分の見直しにより，東京証券取引所の市場第一部からプライム市場に移行 |
| 2023年6月 | ・監査役会設置会社から指名委員会等設置会社に移行 |

3 事業の内容

　当社および連結子会社を中心とする関係会社で構成されるNECグループの主たる事業は，社会公共事業，社会基盤事業，エンタープライズ事業，ネットワークサービス事業およびグローバル事業の5つの事業です。各関係会社は，設計，開発，製造および販売，サービスの提供などそれぞれの役割に応じ，各事業の一部を分担しています。

　なお，当社は当連結会計年度よりセグメントを変更しています。

　それぞれの事業の主な内容は次のとおりです。

(社会公共事業)

　主に公共，医療，メディアおよび地域産業向けに，システム・インテグレーション（システム構築，コンサルティング），サポート（保守），アウトソーシング・クラウドサービスおよびシステム機器などの提供を行っています。

(社会基盤事業)

　主に官公向けに，システム・インテグレーション（システム構築，コンサルティング），サポート（保守），アウトソーシング・クラウドサービスおよびシステム機器などの提供 を行っています。

(エンタープライズ事業)

　主に製造業，流通・サービス業および金融業向けに，システム・インテグレーション（システム構築，コンサルティング），サポート（保守），アウトソーシング・クラウドサービスおよびシステム機器などの提供を行っています。

(ネットワークサービス事業)

　主に国内の通信市場において，ネットワークインフラ（コアネットワーク，携帯電話基地局，光伝送システム，ルータ・スイッチ），システム・インテグレーション（システム構築，コンサルティング）およびサービス＆マネジメント（OSS・BSS，サービスソリューション）などの提供を行っています。

(point) **事業の内容**

　会社の事業がどのようにセグメント分けされているか，そして各セグメントではどのようなビジネスを行っているかなどの説明がある。また最後に事業の系統図が載せてあり，本社，取引先，国内外子会社の製品・サービスや部品の流れが分かる。ただセグメントが多いコングロマリットをすぐに理解するのは簡単ではない。

（グローバル事業）

　デジタル・ガバメントおよびデジタル・ファイナンス，サービスプロバイダ向けソフトウェア・サービス（OSS・BSS）ならびにネットワークインフラ（海洋システム，ワイヤレスバックホール）などの提供を行っています。

(注) OSS：Operation Support System, BSS：Business Support System

　なお，上記のほかに，ビジネスコンサルティングおよびシステム機器の開発・製造・販売などの事業を「その他」として表示しています。

　NECグループの連結子会社（284社）をセグメントごとに記載すると概ね次のとおりです。

2023年3月31日現在

セグメント	子会社
社会公共事業	NECネクサソリューションズ㈱　等
社会基盤事業	日本航空電子工業㈱　等
エンタープライズ事業	NECファシリティーズ㈱　等
ネットワークサービス事業	NECネッツエスアイ㈱　等
グローバル事業	NECコーポレーション・オブ・アメリカ社［米国］ NECヨーロッパ社［英国］ NECアジア・パシフィック社［シンガポール］ 日電（中国）有限公司［中国］ NECラテン・アメリカ社［ブラジル］ ネットクラッカー・テクノロジー社［米国］ コメット・ホールディング社［オランダ］ ガーデン・プライベート・ホールディングス社［英国］ ソレイユ社［デンマーク］　等
その他	NECプラットフォームズ㈱ NECフィールディング㈱ NECソリューションイノベータ㈱ アビームコンサルティング㈱ 日本電気通信システム㈱　等

(注) 1　金融商品取引所に株式を公開している子会社
　　　　　東京証券取引所市場第一部…日本航空電子工業（株），NECネッツエスアイ（株）
　　　2　純粋持株会社

コメット・ホールディング社

　主要な子会社はソフトウェアの開発およびITサービスの提供を主要な事業内容とする子会社を傘下に保有するアバロク・グループ社

ガーデン・プライベート・ホールディングス社

　主要な子会社はソフトウェアの開発およびITサービスの提供を主要な事業内容とするNECソフトウェア・ソリューション・ユーケー社

ソレイユ社

　主要な子会社はソフトウェアの開発およびITサービスの提供を主要な事業内容とするケーエムディ社

　なお，NECグループの事業運営における当社および関係会社の事業系統図を示すと概ね次のとおりです。

2023年3月31日現在

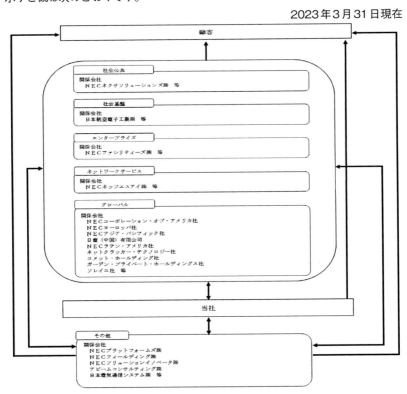

（注）矢印は，製品の設計，開発，製造および販売ならびにサービスの提供関係を示しています。

（1） 連結子会社 ··

名称	住所	資本金（百万円）	主要な事業の内容	議決権の所有割合（%）	関係内容	摘要
NECプラットフォームズ㈱	神奈川県川崎市高津区	10,332	情報通信システム機器等の開発、製造、販売および保守ならびにシステム・インテグレーション等の提供	100	当社が販売する一部製品の供給 貸付金…有、役員の兼任等…有	*1
NECフィールディング㈱	東京都港区	9,670	コンピュータおよびネットワークシステムの据付および保守	100	当社が販売する一部製品の保守および販売 貸付金…無、役員の兼任等…有	
NECソリューションイノベータ㈱	東京都江東区	8,669	システム・インテグレーション等の提供およびソフトウェアの開発	100	当社が販売する一部製品に関するソフトウェアの開発 貸付金…無、役員の兼任等…有	*1
アビームコンサルティング㈱	東京都千代田区	6,200	ビジネスコンサルティング	100	当社が販売する一部製品に関するビジネスコンサルティング 貸付金…無、役員の兼任等…有	
日本電気通信システム㈱	東京都港区	1,000	ネットワークに関するソフトウェアの開発および設計	100	当社が販売する一部製品に関するソフトウェアの開発および設計 貸付金…無、役員の兼任等…有	
NECネクサソリューションズ㈱	東京都港区	815	システム・インテグレーションおよびアウトソーシングの提供、ソフトウェアの開発およびコンピュータ等の販売	100	当社製品の販売 貸付金…無、役員の兼任等…有	
NECファシリティーズ㈱	東京都港区	240	建物等の設計、施工管理および施設管理、不動産の管理・賃貸借ならびに保険の代理業	100	当社施設の設計、施工管理および施設管理ならびに当社および当社従業員に対する保険の代理店業務 貸付金…無、役員の兼任等…有	
NECネッツエスアイ㈱	東京都港区	13,122	情報通信システムの設計、構築および保守ならびに関連機器の販売	(12.9) 51.4	当社が販売する一部製品に関する工事および当社が製造する一部製品の販売 貸付金…無、役員の兼任等…有	*2 *3
日本航空電子工業㈱	東京都渋谷区	10,690	コネクタおよび航空・宇宙用電子機器の製造および販売	(15.2) 50.8	当社が使用する一部部品の供給 貸付金…無、役員の兼任等…有	*2 *3

名称	住所	資本金 (百万円)	主要な事業の内容	議決権の 所有割合 (%)	関係内容	摘要
ＮＥＣコーポレーショ ン・オブ・アメリカ社	Irving, Texas, U.S.A.	米ドル 27	北米における地域代 表・統括業務、コン ピュータ関連機器お よび通信機器の販売 ならびにシステム・ インテグレーション 等の提供	100	当社製品の販売および当社から一部部品を 購入 貸付金…無、役員の兼任等…有	
ＮＥＣヨーロッパ社	Middlesex, United Kingdom	千スターリ ングポンド 146,507	ヨーロッパにおける 地域代表・統括業務	100	当社関係会社の地域統括 貸付金…無、役員の兼任等…有	
ＮＥＣアジア・パシフィ ック社	Singapore	千シンガ ポールドル 80,280	アジアにおける地域 代表・統括業務、コ ンピュータ関連機器 および通信機器の販 売ならびにシステ ム・インテグレーシ ョン等の提供	100	当社製品の販売 貸付金…無、役員の兼任等…有	
日電（中国）有限公司	北京、中国	千米ドル 178,000	中華圏における地域 代表・統括業務	100	当社関係会社の地域統括 貸付金…無、役員の兼任等…有	
ＮＥＣラテン・アメリカ 社	Sao Paulo, Brazil	千ブラジル レアル 328,282	中南米における地域 代表・統括業務、通 信機器の販売および システム・インテグ レーション等の提供	100	当社製品の販売 貸付金…無、役員の兼任等…有	
ネットクラッカー・テク ノロジー社	Waltham, Massachusetts, U.S.A.	米ドル 1	ソフトウェアの開発 および販売	100	当社および当社関係会社が販売する一部製 品の供給 貸付金…無、役員の兼任等…有	
コメット・ホールディン グ社	Amsterdam, Netherlands	千ユーロ 2,058,795	純粋持株会社 主要な子会社はソフ トウェアの開発およ びITサービスの提供 を主要な事業内容と する子会社を傘下に 保有するアバロク・ グループ社	100	貸付金…無、役員の兼任等…有	
ガーデン・プライベー ト・ホールディングス社	Hemel Hempstead, United Kingdom	千スターリ ングポンド 474,520	純粋持株会社 主要な子会社はソフ トウェアの開発およ びITサービスの提供 を主要な事業内容と するＮＥＣソフトウ ェア・ソリューショ ンズ・ユーケー社	100	貸付金…無、役員の兼任等…有	
ソレイユ社	Ballerup, Denmark	千デンマー ククローネ 50	純粋持株会社 主要な子会社はソフ トウェアの開発およ びITサービスの提供 を主要な事業内容と するケーエムディ社	100	貸付金…無、役員の兼任等…有	

上記のほか、266社の連結子会社があります。

(2) 持分法適用関連会社 ....

名称	住所	資本金 (百万円)	主要な事業の内容	議決権の 所有割合 (%)	関係内容	摘要
NECキャピタルソリューション㈱	東京都港区	3,777	各種機械器具、設備、製品等のリース	37.7	当社製品のリース 貸付金…無、役員の兼任等…有	*2
レノボNECホールディングス社	Amsterdam, Netherlands	千ユーロ 100	純粋持株会社	33.4	貸付金…無、役員の兼任等…有	

上記のほか、54社の持分法適用関連会社があります。

- ＊1: 特定子会社に該当します。
- ＊2: 有価証券届出書または有価証券報告書を提出しています。
- ＊3: 議決権の所有割合には、議決権行使の指図権を留保して退職給付信託に拠出した株式に関する議決権の所有割合が含まれており、当該所有割合は、（ ）内に間接所有割合として内数で示しています。
  なお、各社に対する議決権の所有割合のうち、退職給付信託に拠出している株式の割合は次のとおりです。

退職給付信託	NECネッツエスアイ㈱	51.4%のうち12.9%
	日本航空電子工業㈱	50.8%のうち15.2%

(注)　「第一部　企業情報　第1　企業の概況　4　関係会社の状況」はIFRS第12号「他の企業への関与の開示」（以下「IFRS第12号」という。）に基づくものです。また、その他IFRS第12号により要求されている開示項目は「第一部　企業情報　第5　経理の状況　連結財務諸表注記　10.連結子会社」および「第一部　企業情報　第5　経理の状況　連結財務諸表注記　11.持分法で会計処理される投資」に記載のとおりです。

5　従業員の状況

(1)　連結会社の状況 ....

2023年3月31日現在

セグメントの名称	従業員数(人)
社会公共事業	7,074
社会基盤事業	18,021
エンタープライズ事業	6,851
ネットワークサービス事業	10,673
グローバル事業	27,041
その他	48,867
合計	118,527

(注) 従業員数には、臨時従業員の数を含んでいません。

(point) 関係会社の状況

主に子会社のリストであり、事業内容や親会社との関係についての説明がされている。特に製造業の場合などは子会社の数が多く、すべてを把握することは難しいが、重要な役割を担っている子会社も多くある。有報の他の項目では一度も触れられていない場合が多いので、気になる会社については個別に調べておくことが望ましい。

(2) 提出会社の状況

従業員数(人)	平均年令(歳)	平均勤続年数(年)	平均年間給与(円)
22,036	43.5	18.1	8,428,687

セグメントの名称	従業員数(人)
社会公共事業	4,235
社会基盤事業	3,466
エンタープライズ事業	3,704
ネットワークサービス事業	2,653
グローバル事業	519
その他	7,459
合計	22,036

(注) 1　従業員数には，臨時従業員の数を含んでいません。

　　　2　平均年間給与は，税込額であり，時間外給与および賞与を含んでいます。

(3) 労働組合の状況

　当社の労働組合は，日本電気労働組合と称し，NECグループの一部の会社の労働組合により結成されているNECグループ労働組合連合会（組合員数約44,000人　2023年3月31日現在）に加盟しています。また，NECグループ労働組合連合会は，上部団体の全日本電機・電子・情報関連産業労働組合連合会に加盟しています。

　なお，労使関係は安定しており，特に記載すべき事項はありません。

事業の状況

1 経営方針，経営環境及び対処すべき課題等

　文中の将来に関する事項は，当連結会計年度末現在において，NECグループが判断したものです。

（1）　会社の経営の基本方針 ···

　NECグループは，NECグループが共通でもつ価値観であり，行動の原点として「NEC Way」を規定しています。

　「NEC Way」は，企業としてふるまう姿を示した「Purpose（存在意義）」「Principles（行動原則）」と，NECグループの一人ひとりの価値観・ふるまいを示した「Code of Values（行動基準）」「Code of Conduct（行動規範）」で構成されています。

　「Purpose（存在意義）」はOrchestrating a brighter worldをもとに，豊かな人間社会に貢献する姿を示した宣言です。

> **\Orchestrating a brighter world**
> ＮＥＣは、安全・安心・公平・効率という
> 社会価値を創造し、
> 誰もが人間性を十分に発揮できる
> 持続可能な社会の実現を目指します。

　「Principles（行動原則）」は，NECグループとしての行動のもととなる原則であり，次の3つの心構えを示しています。

> 創業の精神「ベタープロダクツ・ベターサービス」
> 常にゆるぎないインテグリティと人権の尊重
> あくなきイノベーションの追求

　「Code of Values（行動基準）」は，NECグループの一人ひとりが体現すべき日常的な考え方や行動の在り方を示した行動基準です。

> 視線は外向き、未来を見通すように
> 思考はシンプル、戦略を示せるように
> 心は情熱的、自らやり遂げるように
> 行動はスピード、チャンスを逃さぬように
> 組織はオープン、全員が成長できるように

「Code of Conduct（行動規範）」は，NEC グループの一人ひとりに求められるインテグリティ（高い倫理観と誠実さ）についての具体的な指針であり，次の章から構成されています。

```
1. 基本姿勢
2. 人権尊重
3. 環境保全
4. 誠実な事業活動
5. 会社財産・情報の管理
コンプライアンスに関する疑問・懸念相談、報告
```

NEC グループは，「Purpose」を全うするため，「Principles」に基づき，中期経営計画をはじめとする中長期的な経営戦略を実践し，社会価値の継続的な創出と企業価値の最大化をはかっていきます。

また，NEC グループの一人ひとりが，「Code of Values」に基づき，自らの働き方や組織のあり方を常に見直し，改善するとともに，高い倫理観と誠実さをもったよき企業人として「Code of Conduct」を遵守していきます。

社会や顧客が期待する価値は常に変化し続けていることから，NEC グループがこれからも社会から必要とされる存在であり続けるためには，何が価値となるのかを常に考え，新たな価値を創造していく必要があります。NEC グループは，情報通信技術とさまざまな知見・アイデアを融合することで，世界の国々や地域の人々と協奏しながら，明るく希望に満ちた暮らしと社会を実現して未来に繋げてまいります。

(2)　目標とする経営指標 ……………………………………………………………

NEC グループは，企業価値の最大化に向けて，Purpose・戦略・文化の一体的な取り組みを経営方針として掲げています。Purpose の具現化に向けて，戦略ではEBITDA 成長率（＊1）を，文化ではエンゲージメントスコアを，特に中核指標と位置づけています。加えて，売上収益，調整後営業利益（＊2），調整後当期利益（＊3），EBITDA（＊4），およびROIC（＊5）を経営上の目標として掲げています。

＊1 EBITDA 成長率：2020年度から2025年度までの期間におけるEBITDAの年平均の成長率を意味します。
＊2 調整後営業利益：営業損益から，買収により認識した無形資産の償却費およびM＆A関連費用（ファ

イナンシャルアドバイザリー費用等）を控除し，買収会社の全社への貢献を明確化した，本源的な事業
の業績を測る利益指標です。
＊3 調整後当期利益：「親会社の所有者に帰属する調整後当期損益」の略称であり，親会社の所有者に帰属
する当期損益から営業損益に係る調整項目およびこれらに係る税金相当・非支配持分相当を控除した，
親会社所有者に帰属する本源的な事業の業績を測る利益指標です。
＊4 EBITDA：売上総利益－販売管理費＋減価償却費・償却費
＊5 ROIC：（調整後営業利益－みなし法人税＜30.5％＞）÷（期末有利子負債＋期末純資産＜非支配株主持
分含む＞）

（3） 経営環境

　当連結会計年度の経済環境は，欧米を中心としたインフレと金融引き締め政策，
中国の新型コロナウイルス感染症（COVID-19）拡大に伴う影響により，世界経
済は後半にかけて減速しました。日本経済は，資源価格上昇や急速な円安等で物
価上昇が続いたものの，新型コロナウイルス感染症抑制に伴う行動制限緩和で国
内需要中心に底堅く推移しました。

　一方で，従来のIT市場におけるクラウドシフトへの流れに加えて，新しい生活
様式への変化が進む中で社会全体のデジタル化が加速しました。欧州における先
進的なデジタル・ガバメントの取り組みが世界的に拡大する中で，日本において
もデジタル庁が創設されるとともに，政府により「デジタル田園都市構想」が発
表され，国および地方行政のDX（デジタルトランスフォーメーション）化が一層
進む見通しです。また，環境問題がさらに深刻化する中で，持続可能な社会の実
現へ向けて企業の貢献が求められており，テクノロジーの役割が増大しています。

　このような経営環境のもと，NECグループは，Purpose・戦略・文化の一体的
な取り組みを経営方針として掲げる「2025中期経営計画」を策定し，高いモチベー
ションをもって，日本を含むグローバルでの事業フォーカスと国内IT事業のトラ
ンスフォーメーションなどによる成長の実現や，サステナビリティ経営の基盤強
化等を目指します。

（4） 中長期的な会社の経営戦略および対処すべき課題

　NECグループは，Purposeの具現化に向けて2025年度を最終年度とする「2025
中期経営計画」を2021年5月に策定しました。本中期経営計画ではPurpose・

戦略・文化の一体的な取り組みを経営方針として掲げ，役員・社員一丸となって
邁進します。

① **Purpose**

NECグループは，「NEC Way」において，安全・安心・公平・効率という社会価値を創造し，誰もが人間性を十分に発揮できる持続可能な社会の実現をPurposeとして掲げています。NECグループは社会価値を創造する企業として，社会や顧客との「未来の共感」を創ることで，その実現を目指します。そのためNECグループは，2030年に目指すべき未来像を「NEC 2030VISION」として策定しました。

NEC 2030VISION（目指すべき未来像）

また，Purposeの実現に向け，コーポレート・ガバナンスについては，指名委員会等設置会社への移行を契機として監督と執行の明確な分離をはかります。これにより，取締役会の監督機能を強化するとともに，業務執行に関しては取締役会から執行役に大幅な権限委譲を行うことで，意思決定と実行の迅速化をはかります。それにあわせ，新たに設置したCRO（チーフリスクオフィサー）主導での全社横断的リスクマネジメント体制の強化，経営会議を中心とした執行側の会議体の再整備による意思決定の質の高度化，内部監査機能の強化など執行側のガバナンス強化を推進します。

② **戦略**

NECグループの強みである技術力を顧客価値に転換し，「日本を含むグローバルでの事業フォーカス」，「国内IT事業のトランスフォーメーション」および「次の柱となる成長事業の創造」により成長を実現します。

「日本を含むグローバルでの事業フォーカス」では，デジタル・ガバメントおよ

びデジタル・ファイナンス事業について，利益率の高いソフトウェア事業へのシフトとオフショアの適用範囲の拡大により収益性の向上を実現するとともに，NECグループ内におけるグローバルなシナジーの発揮による事業成長に取り組みます。グローバル5G事業においては，国内外の基地局に関する商用商談の開拓を進めるとともに，自社製ソフトウェア・サービスの増強ならびに事業規模に応じた販売体制および開発規模の最適化により収益性の向上を目指します。

「国内IT事業のトランスフォーメーション」では，業種横断の共通商材の整備により，DX事業の共通基盤である「NECデジタルプラットフォーム」をさらに強化し収益性の向上を実現します。また，経営課題の解決や社会価値の共創を先進的な顧客とともに実現する戦略パートナーシッププログラムをさらに推進するとともに，スマートシティなど社会の変革を後押しするプロジェクトを政策と連動しながら取り組むことで，新たな事業機会を創出します。

「次の柱となる成長事業の創造」では，学術・研究機関を含む社外との連携をさらに加速し，AI，ヘルスケア・ライフサイエンス事業およびカーボンニュートラル関連事業での事業開発活動を進めます。

従来から当社事業を構成してきたベース事業においては，利益率が低い事業についてモニタリングを強化することで収益性の改善をはかるとともに，改善計画が未達成となった場合には事業撤退を含めた経営判断を行うなどして，各事業における堅調な成長と競合他社を上回る利益率の実現を目指します。

これらの成長戦略の実行の裏付けとなる財務力については，持続的なEBITDAの成長に加え，保有資産の最適化を進めることでキャッシュ・フローを創出します。それらを原資に事業成長を重視したキャピタル・アロケーションを実行するとともに，強固な財務基盤の維持・強化をはかり，今後の成長投資を支えます。

また，NECグループと社会のサステナブルな成長を支える非財務基盤の強化に向け，ESG視点の経営優先テーマである「マテリアリティ」として，気候変動，セキュリティ，AIと人権，多様な人材，コーポレート・ガバナンス，サプライチェーンサステナビリティおよびコンプライアンスの7つを特定しています。

これに加え，成長と機会創出に向けて取り組むテーマをマテリアリティとして示すことを予定しています。マテリアリティの実践を通じて社会・環境価値およ

び経済価値の大きな事業を推進するとともに，主要なESGインデックスへの継続的な組み入れを目指します。

③　**文化**

　Purposeの実現には，高いモチベーションをもつ社員の存在が不可欠であることから，社員に選ばれる会社（Employer of Choice）への変革を目指しています。2023年度は，戦略を実行し文化を作る「人への投資」を重視し，組織と人材の力を最大限に活かすための制度改革や環境整備を行い，エンゲージメントの向上と人的資本経営の実現を目指します。特に，上位層に導入したジョブ型人材マネジメントの定着，社内人材公募制度の拡充による人材流動性の向上，有望人材への投資による次世代リーダー育成等に取り組み，事業戦略にタイムリーに連動した適時・適所・適材の人材配置の実行に取り組みます。また，イノベーションの源泉であるダイバーシティについてもさらなる推進をはかります。

　上記の各施策を通じて，2025年度に，EBITDA成長率9％およびエンゲージメントスコア50％，ならびに，売上収益3兆5,000億円，調整後営業利益3,000億円（利益率8.6％)，調整後当期利益1,850億円（利益率5.3％)，EBITDA4,500億円（利益率12.9％)，ROIC6.5％の達成を目指します。

　NECグループは，Purposeの実現に向け，「2025中期経営計画」の達成および「NEC2030VISION」で掲げた未来像の共創をとおして，国際連合の定める「SDGs」の達成に貢献します。

2　サステナビリティに関する考え方及び取組

　NECグループは，サステナビリティを巡る課題が，NECグループの持続可能な発展や企業価値向上に対するリスクとなるだけでなく，事業機会の創出にもつながる重要な要素だと考えていることから，「NEC Way」に基づき，①事業をとおした社会課題解決への貢献，②リスク管理・コンプライアンスの徹底，③ステークホルダー・コミュニケーションの推進を基本方針として掲げサステナビリティ経営を推進しています。

　当社は，サステナビリティ経営におけるESG視点の経営優先テーマ「マテリアリティ」を，グローバルなガイドラインを参考に，さまざまな分野の有識者との

対話などをとおして，自社と社会の双方への影響を考慮し，リスクと機会の観点で特定しています。「2025中期経営計画」においては，企業と社会のサステナブルな成長を支える非財務（ESG／将来財務）基盤の強化に向けて取り組むべきテーマとしてマテリアリティを7つ特定し，取り組みを進めてきました。これに加え，成長と機会創出に向けて取り組むテーマをマテリアリティとして新たに示すことを予定しています。

　また，NECグループは，2017年に「気候関連財務情報開示タスクフォース（TCFD）」に賛同を表明し，持続可能な社会に向けてNECグループが目指すべき方向と長期目標を定めています。

　なお，文中の将来に関する事項は，当連結会計年度末現在においてNECグループが判断したものです。

（1）　ガバナンスおよびリスク管理

①　ガバナンス

　当社は，サステナビリティ推進役員であるCFO（チーフフィナンシャルオフィサー）およびサステナビリティ推進に携わる担当役員（CHRO（チーフヒューマンリソーシズオフィサー），CLCO（チーフリーガル＆コンプライアンスオフィサー），CSCO（チーフサプライチェーンオフィサー））の主導のもと，サステナビリティ経営推進のための重要事項について，議題の内容により経営会議，事業戦略会議またはリスク・コンプライアンス委員会で随時議論のうえ，決定しています。加えて，サステナビリティ推進役員およびサステナビリティ推進に携わる担当役員が社外有識者に諮問するサステナビリティ・アドバイザリ・コミッティ（以下「SAコミッティ」という。）を設置し，当社のサステナビリティ推進に関する取り組みについて，最新動向を踏まえるとともに客観性と専門性をもった議論を行うことで，変化が急速で不確実性が高い時代における自社の方向性を確認し，取り組みの改善につなげていきます。

　取締役会は，サステナビリティ推進役員およびサステナビリティ推進に携わる担当役員から，これらの会議体やSAコミッティで討議または承認された事項の報告を受け，リスクへの対応状況を監督するとともに，サステナビリティを巡る課題への対応について，事業機会創出の観点を含め，討議しています。

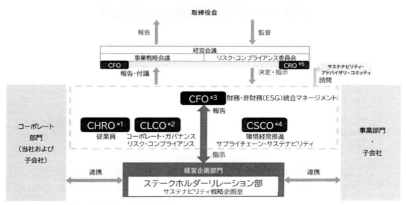

*1 CHRO(チーフヒューマンリソーシズオフィサー)
*2 CLCO(チーフリーガル&コンプライアンスオフィサー)
*3 CFO(チーフフィナンシャルオフィサー)
*4 CSCO(チーフサプライチェーンオフィサー)
*5 CRO(チーフリスクオフィサー)

　上記のサステナビリティ経営推進体制と併せて，NEC グループでは環境経営のための体制を整備しており，地球温暖化がもたらす気候変動問題に対して，温室効果ガスの排出を削減する緩和策だけでなく，気候変動リスクに備えてその被害を未然に防止し，または最小限に抑えるための適応策の両面から，一貫した環境経営を推進しています。

　環境経営の実践における各組織の役割，責任および権限を特定するための環境管理規程のもと，各ビジネスユニットに設置された環境経営委員会やテーマ別専門部会で討議された事項を，重要性に応じて，各ビジネスユニットの環境推進責任者が一堂に会する環境経営推進会議でも討議しています。また各ビジネスユニットは，各部門や国内外の関係会社における具体的な取り組みにつながる体制を整えており，事業戦略会議や経営会議，取締役会で策定された環境戦略をもとに具体的な活動計画を立案および実践しています。

　さらに，気候変動を含めた環境に関わる重要事項が事業執行に与える影響や戦略に関しては，事業戦略会議で討議し，NEC グループの事業に対して特に著しい影響を及ぼす議題については，経営会議や取締役会へ付議しています。

② **リスク管理**

　NEC グループでは，「第一部　企業情報　第2　事業の状況　3　事業等のリスク」に記載のとおり，2023 年4月1日付で設置したCRO（チーフリスクオフィサー）主導のもと，NEC グループの事業に関連する社内外のリスクを的確に把握し対応するための全社横断的なリスク管理体制を整備しています。

　マテリアリティに関連する「部品等の調達」，「人材の確保」，「内部統制」，「環境規制等」，「情報管理」，「人権の尊重」，「自然災害や火災等の災害」等のリスクは，サステナビリティ経営推進体制による管理を通じて影響評価を行い，潜在的および顕在的リスクに対する対応の進捗，成果や課題の把握および今後の計画などを検討することにより，リスクの低減や未然防止活動を行っています。また，「第一部　企業情報　第2　事業の状況　2　サステナビリティに関する考え方及び取組　(2)　戦略並びに指標及び目標のうち重要なもの　②NEC グループの気候変動に関する戦略並びに指標及び目標」に挙げている「移行リスク」や「物理リスク」等の気候変動への対応に関するリスクは，環境経営推進体制による管理を通じてリスク評価を行い，潜在的および顕在的リスクに対する対応の進捗，成果や課題の把握および今後の計画などを検討することにより，リスクの低減や未然防止活動を行っています。

(2)　戦略並びに指標及び目標のうち重要なもの ·······································
① **当社のマテリアリティ並びに指標及び実績**

　当社では，経営会議，事業戦略会議，リスク・コンプライアンス委員会および取締役会で審議のうえ，マテリアリティを決定しています。マテリアリティは，外部環境変化や財務・非財務指標間の相関・因果分析等を踏まえ，事業戦略の修正に応じて適宜見直しを行うことで，実効性のある取り組み目標としています。

　「2025 中期経営計画」で取り組むマテリアリティ，マテリアリティの達成度合いを図るための指標である 2025 年度KPIおよび 2022 年度実績は次のとおりです。

(point) **従業員の状況**

　主力セグメントや，これまで会社を支えてきたセグメントの人数が多い傾向があるのは当然のことだろう。上場している大企業であれば平均年齢は 40 歳前後だ。また労働組合の状況にページが割かれている場合がある。その情報を載せている背景として，労働組合の力が強く，人数を削減しにくい企業体質だということを意味している。

マテリアリティ名	2025年度KPI	2022年度実績
気候変動（脱炭素）を核とした環境課題への対応	・2040年カーボンニュートラルに向けてScope1およびScope2におけるCO_2排出量を25.0%削減（2020年度比）[*1]	・集計中
ICTの可能性を最大限に広げるセキュリティ	・国際認定資格取得者数3倍（2020年度比）[*1]	・国際認定資格取得者数300名超、2020年度比2倍
人権尊重を最優先にしたAI提供と利活用（AIと人権）	・「NECグループAIと人権のポリシー」の適用	・「NECグループAIと人権のポリシー」の適用
多様な人材の育成とカルチャーの変革	・エンゲージメントスコア50% ・女性管理職比率20%、役員[*2]に占める女性または外国人の割合20%	・エンゲージメントスコア36% ・女性管理職比率8.0%、役員[*3]に占める女性または外国人の割合9.4% [*4]
コーポレート・ガバナンス	・独立社外取締役がマジョリティの指名委員会等設置会社への移行によるガバナンス高度化[*5]	・機関設計変更に向けた検討実施[*5]
サプライチェーンサステナビリティ	・調達ガイドへの同意サプライヤー75% [*6]	・調達ガイドへの同意サプライヤー83% [*6]
コンプライアンス	・重大なカルテル・談合行為の発生件数0件	・重大なカルテル・談合行為の発生件数0件

*1 2023年度に目標を引き上げたもの
*2 2026年3月末日時点の当社の取締役、執行役、Corporate SEVP、Corporate EVPおよびCorporate SVP（執行役、Corporate SEVP、Corporate EVP およびCorporate SVP については2025年度内に決定された2026年4月1日付異動を含む）
*3 2023年3月末日時点の当社の取締役、監査役および執行役員
*4 女性管理職比率、役員に占める女性または外国人の割合は、いずれも2023年3月末日時点の当社の実績。なお、2023年4月1日の女性管理職比率は8.9%、役員（取締役、監査役、執行役員、Corporate SEVP、Corporate EVPおよびCorporate SVP）に占める女性または外国人の割合は14.8%。
*5 他の2025年度KPIと同様に2025中期経営計画公表時点で設定していたが、内容の性質上、機関設計変更についての情報が公開されるまで公表を差し控えていたもの
*6 調達金額ベースでの比率

- 「気候変動（脱炭素）を核とした環境課題への対応」の実績値は、本有価証券報告書提出日現在は集計中のため、サステナビリティ情報を掲載した当社のウェブサイトや今後発行予定の「ESGデータブック2023」において報告予定です（「ESGデータブック2023」は、2023年度上期中に当社ウェブサイトで公表予定。）。
- 「気候変動を核とした環境課題への対応」については、2040年のカーボンニュートラル実現に向け、2025年度KPIを2023年度から引き上げ、「Scope1およびScope2におけるCO2排出量を33.6％削減（2017年度比）」から「Scope1およびScope2におけるCO2排出量を25.0％削減（2020年度比）」に再設定しました。
- 「ICTの可能性を最大限に広げるセキュリティ」については、各種取り組みを強化した結果、2022年度に2025年度KPIを達成しましたが、さらなる信頼の獲得に向け、2025年度KPIを2023年度から引き上げ、「国際認定資格取得者数2倍（2020年度比）」から「同3倍（2020年度比）」に再設定しました。
- 「サプライチェーンサステナビリティ」については、2022年度末時点で83%

となり2025年度KPIである75%を達成しました。本比率は調達金額ベースであるため変動しますが，2025年度末時点においても達成できるよう取り組みを継続します。

② NECグループの気候変動に関する戦略並びに指標及び目標

当社ではマテリアリティの一つとして「気候変動（脱炭素）を核とした環境問題への対応」を特定しており，事業におけるリスクの低減と事業を通じた社会貢献という両面から様々な活動に取り組んでいます。また，NECグループは，気候変動に関する戦略として，不確実な未来への対応力を高めるため，複数のシナリオで将来起こりうる社会を予想し，対応策を検討しています。気候変動に関する政府間パネル等の公開情報やICTの動向および社会情勢をもとに，サプライチェーン全体における中長期的なシナリオ分析を行い，次のとおり事業のリスクと機会を認識しています。

リスク	内容	対策
移行リスク	カーボンプライシングによるコスト増	SBT1.5℃（*1）達成に向けた効率化の徹底と再生可能エネルギーの活用拡大
物理リスク	気象災害（洪水、土砂崩れ、水不足など）に伴うサプライチェーンの寸断、電気・ガス・水道などライフラインの長期間にわたる停止	サプライチェーン全体のリスク評価と気象災害を含む事業継続計画（以下「BCP」という。）対策、データセンターでの発電設備強化

<hr>

(point) **業績等の概要**

この項目では今期の売上や営業利益などの業績がどうだったのか，収益が伸びたあるいは減少した理由は何か，そして伸ばすためにどんなことを行ったかということがセグメントごとに分かる。現在，会社がどのようなビジネスを行っているのか最も分かりやすい箇所だと言える。

機会	内容	機会創出と拡大
移行リスク対策への価値提供（緩和）	CO_2排出の少ない交通インフラ整備	AIおよびIoT（Internet of Things）を活用した物流可視化・ルート最適化、EV・PHV充電クラウドなど
	再生可能エネルギーの活用拡大支援	仮想発電所（VPP）、電力需給管理、RA事業化（需給調整市場への参画）、xEMS（エネルギーマネジメントシステム）、再生可能エネルギーを活用したデータセンターサービス提供など
	エネルギーの無駄の削減支援	DXによるプロセス改革（業務自動化、スマートファクトリおよび需給最適化）、データセンターの省エネ化を支える製品・技術（相変化冷却、新冷媒）など
物理リスク対策への価値提供（適応）	気象災害の増加への備え	AIおよびIoT、画像解析などを活用した災害発生前の予兆検知、河川氾濫シミュレーション、避難支援など 防災・減災による将来のCO_2抑制量を可視化し、金融商品化することで防災・減災対策への投資を促進する仕組みを検討
	森林火災の増加への備え	森林火災監視・即応システム、人工衛星による災害監視など
	農業生産適地の変化への備え	影響予測シミュレーション、農業ICTソリューションなど
	感染症の拡大への備え	感染症対策ソリューション、地球規模感染症発生時の物流情報管理プラットフォーム、リモートワークによるワークスタイル変革、遠隔診療支援、教育クラウドなど

　当社は，2017年に策定した「2050年を見据えた気候変動対策指針」に基づき，2050年までに自社の事業活動に伴うCO_2排出量（Scope1およびScope2（＊2））を「実質ゼロ」とすることを目指していましたが，2022年9月，サプライチェーン全体からのCO_2排出量を2040年までにゼロとすることをめざすイニシアティブ「The Climate Pledge」（TCP）に参加し，従来計画比で10年前倒しとなる2040年カーボンニュートラルを宣言して目標を強化し，マテリアリティの2025年度KPIを「Scope1およびScope2におけるCO_2排出量を25.0％削減（2020年度比）」に見直しました（「第一部　企業情報　第2　事業の状況　2　サステナ

NECの会社概況　53

ビリティに関する考え方及び取組 （2）戦略並びに指標及び目標のうち重要なもの ①当社のマテリアリティ並びに指標及び実績」参照）。

　また，当社は，2030年までに「Scope1およびScope2において55%削減（2017年度比）」，「Scope3のカテゴリ1（購入した製品・サービス），3（Scope1およびScope2に含まれない燃料，エネルギー活動）および11（販売した製品の使用）において33%削減（2017年度比）」という目標を掲げ，2021年5月にはSBTイニシアティブ（＊3）からSBT1.5℃の認定を受けました。さらに，同年9月には，「Business Ambition for 1.5℃（BA1.5℃）」に署名し，2050年までにScope3（＊2）を含むサプライチェーン全体からのCO2排出量実質ゼロを宣言しました。

　加えて，事業で使用する電力を100%再生可能エネルギーとすることを目指す国際イニシアティブである「RE100」（＊4）に加盟し，再生可能エネルギーの利用拡大を進めており，既に当社本社ビルやNEC Cloud IaaSのデータセンターで使用する電力は100%再生可能エネルギー由来に置き換えています。

　NECグループの気候変動の取り組みの詳細は，以下の当社ウェブサイトに掲載しています。
　なお，当該ウェブサイトの更新予定日は未定ですが，内容に更新があれば遅滞なく更新します。

https://jpn.nec.com/csr/ja/eco/risk.html

＊1　SBT1.5℃
　　　Science Based Targetsの略。パリ協定が求める水準と整合した，5〜15年先を目標年として企業が設定する，温室効果ガス排出削減目標。
＊2　Scope1：事業者が所有または管理する排出源から発生する温室効果ガスの直接排出
　　　Scope2：電気，蒸気，熱の使用に伴う温室効果ガスの間接排出　Scope3：Scope1およびScope2以外の事業者の関連する他社の温室効果ガス排出
＊3　SBTイニシアティブ
　　　企業に対し，科学的根拠に基づく二酸化炭素排出量削減目標を立てることを求めるため，カーボン・ディスクロージャー・プロジェクト（CDP），国際連合グローバル・コンパクト（UNGC），世界資源研究所（WRI）および世界自然保護基金（WWF）の4団体により設立されたイニシアティブ。
＊4　RE100
　　　企業が自ら事業の使用電力を100%再生可能エネルギーで賄うことを目指す国際的なイニシアティブ。

（3） 人的資本（人材の多様性を含む）に関する戦略 ·····························

　当社の人的資本に関する戦略（人材の多様性の確保を含む人材の育成に関する方針および社内環境整備に関する方針を含みます。）は，以下のとおりです。

①　HR方針

　NECグループは，最大の経営資源を「人」と位置づけ，組織と人材の力を最大限に活かすための 制度改革 や 環境整備 を「 人 への投資 」として 進 めてきました 。2019年 に は ， HR （HumanResources）方針「挑戦する人の，NEC。」を策定し，人材一人ひとりへの多様な挑戦・成長機会の提供やフェアな評価，挑戦する従業員がベストを尽くせるよう環境や風土の変革を進めています。

強い個人・強いチームを作るためのHR方針

Right Time, Right Position, Right Person
多様な挑戦機会
基本理念は、適時・適所・適材。多様な挑戦の機会が提示され、それを掴むことで自分らしいキャリアを柔軟に構築できる。

Keep Growing with Code of Values
限りない成長機会
高みを目指す姿勢があれば、自分の能力をどこまでも伸ばし、成長し続けられる。

Pay for Performance
フェアな評価／次へ繋がるリワード
成果はフェアに評価され、正当な報酬、次への成長機会やポジションなどで報いられる。

Workplace, Culture, Benefit for the Best Performance
ベストを尽くせる環境／文化
働きやすい環境やカルチャー、QOLの充実をサポートする制度があり、全力で挑戦できる。

（イ）　多様な挑戦機会の提供

　　社内人材公募制度（NEC Growth Careers）の拡充に取り組んでいます。機械学習を用いたAIレコメンド機能を導入しており，NECグループ内の人材の流動性を促進することによって，個人と組織が互いに選び選ばれる対等な関係を目指しています。そのほか，個人のキャリア形成を支援するNECライフキャリア（株）を設立し，年間5,000名以上にキャリアデザインワークショップを実施するなど社員が自律的にキャリアを形成するための施策を実施しています。また，年間1,000名以上の社員にリスキリングの機会も提供しています。

（ロ）　限りない成長機会

　　さらなる高みを目指す姿勢を支援し，広い視野と高い視座からビジネスを牽引するリーダーを育成するプログラム「次世代リーダーシップ育成」を実行し，有望人材に集中的に投資を行っています。

（ハ）　フェアな評価の実現および次へ繋がるリワード

　　年齢，性別などにかかわらず事業への貢献に応じた評価および報酬の制度を確立し，各種法令，労働協約および社内規程に基づき役割と成果に応じた適正な賃金，賞与を支給しています。

（ニ）　従業員がベストを尽くせる環境，文化の実現

　　働きやすさだけでなく働きがいを持って高いパフォーマンスを発揮できる環境を整備すべく，リモートとリアルを最適に組み合わせるハイブリッドワークの実践，社内コワーキングスペースや社外サテライトオフィスの拡充といったワークプレイスの整備，コアタイムのないフレックスタイム制度の導入などを実現し，ワークスタイルの革新をはかっています。また，よりよいコンディション（健康状態）のもと，一人ひとりが心身ともにいきいきと働くことで自己実現を果たし，ひいてはNECグループの社会価値創造につなげるべく，2019年度に「NECグループ健康宣言」を制定しました。健康診断結果データを活用し，AIが従業員の生活習慣改善を提案する「健診結果予測シミュレーション」の活用，ストレス制御やコミュニケーション能力を高めるセルフケア研修などさまざまな健康推進施策を行っています。このような健康経営活動が評価され，当社は「健康経営銘柄2022」の認定を受けました（2023年度は「健康経営優良法人2023（ホワイト500）」に認定されました。）。さらに，仕事と育児の両立支援に力を入れており，当社は法制化以前から育児・介護休職制度を導入するとともに，育児休業，育児短時間勤務制度，福利厚生制度などを整備し，管理職や育児休職取得者向け研修などを実施しています。また，NECグループの複数の会社は，「次世代認定マーク」（愛称「くるみん」）を取得しており，当社を含む複数の会社は「プラチナくるみん」認定を受けています。

②　「2025中期経営計画」の実現

　　NECグループは，「HR方針」に基づく人と組織の改革を「2025中期経営計画」

（point）　**生産，受注及び販売の状況**

　　生産高よりも販売高の金額の方が大きい場合は，作った分よりも売れていることを意味するので，景気が良い，あるいは会社のビジネスがうまくいっていると言えるケースが多い。逆に販売額の方が小さい場合は製品が売れなく，在庫が増えて景気が悪くなっていると言える場合がある。

においてさらに推進し，多様なタレント人材の活躍，働き方マインドセット改革，適時適所適材の実現およびタレントマネジメントという4つの柱で「人の変革」を進め，社員に選ばれる会社（Employer ofChoice）への変革を目指しています。

（イ）　多様なタレント人材の活躍

多様な人材が活躍し，多様な視点やアイデアが尊重されるカルチャーを醸成することは，イノベーションの創出のために必要であり，重要な経営戦略の一環であると考えています。そのための施策として，グローバルな人材活用，女性の活躍推進，中途採用者の積極的な登用，障がい者の雇用促進および性的マイノリティに対する理解と支援の促進等に取り組んでいます。加えて，このようなインクルージョン ＆ダイバーシティへの 取り組みは，「NEC Way 」における Principles で掲げる「人権の尊重」の実践に位置付けています。

（ロ）　働き方マインドセット改革

リモートワークを核とした「Smart Work」からパフォーマンスを最大化し，働きがいを追求する「Smart Work 2.0」にシフトしています。ロケーションフリーを原則として，従業員一人ひとりの働く時間と場所の自律的なデザインを後押しし，個人やチームがより高い生産性を発揮することができる勤務制度や仕組みを提供しています。

（ハ）　適時適所適材の実現

高速に変化を続ける市場で勝ち抜くために，ビジネス戦略とその実行体制をデザインし，各ポジションに社内外のベストな人材を起用し，迅速に戦略実行できる体制を目指します。

当社は，2018年からジョブ型人材マネジメントのエコシステムとして，業績評価制度の仕組みと運用の見直しを開始しました。2023年4月から新たなジョブグレード制度および報酬制度を統括部長以上に適用し，2024年4月から全従業員向けに導入することを目指しています。また，社内人材公募制度（NEC Growth Careers）の拡充もあわせることで，従業員の意識を組織主導のキャリア形成から脱却させ，キャリアオーナーシップの個人へのシフトを加速します。

(point) 対処すべき課題

有報のなかで最も重要であり注目すべき項目。今，事業のなかで何かしら問題があればそれに対してどんな対策があるのか，上手くいっている部分をどう伸ばしていくのかなどの重要なヒントを得ることができる。また今後の成長に向けた技術開発の方向性や，新規事業の戦略についての理解を深めることができる。

（ニ） タレントマネジメント

　「2025中期経営計画」に掲げる「国内IT事業のトランスフォーメーション」
実現のため，社会価値を創造・実装し続けるDX人材（＊1）を10,000名確保
する計画を掲げ，DX人材育成の強化を進めています。また，「次世代リーダー
シップ育成」として，有望人材をリストアップし，各種の育成プログラムを提
供するとともに，職位にかかわらずタフで多様な役割へのアサインメントをと
おして成長のスピードを加速する取り組みを行っています。

＊1　当社が各定義および要件を定めるコンサルタント，データサイエンティストおよびサイバーセキュリ
　　ティ人材等を指しており，当社および次の連結子会社等を対象としています。NECプラットフォーム
　　ズ（株），NECソリューションイノベータ（株），日本電気通信システム（株），NECネクサソリューショ
　　ンズ（株），NECマネジメントパートナー（株），NECネットワーク・センサ（株），NECスペーステ
　　クノロジー（株），日本電気航空宇宙システム（株），NECライフキャリア（株），（株）日本電気特許
　　技術情報センター，NEC企業年金基金

（4）　人的資本（人材の多様性を含む）に関する指標及び目標 ･･･････････････････
　上記「(3) 人的資本（人材の多様性を含む）に関する戦略」に記載の戦略および
方針に関する指標および目標は，以下のとおりです。

① 社員に選ばれる会社（Employer of Choice）への変革
　「NEC Way」のもとに多様な人材が集い，イノベーションを追求する会社，社
員に選ばれる
　会社を目指し，2025年度にエンゲージメントスコア（＊1）50％を達成する
ことを目標として掲げています。2022年度のエンゲージメントスコアは36％で
す。

② 多様なタレント人材の活躍
　女性や外国人従業員に代表される多様な人材の積極的な登用と計画的な育成に
より，イノベーションの源泉であるダイバーシティを加速させます 。2025年度
末までに達成を目指す目標および2022年度末の実績（＊2）は，次のとおりです。

区分	2025年度末目標	2022年度末実績
役員（*3）に占める女性または外国人の割合（%）	20	9.4
全管理職に占める女性の割合（%）（*4）	20	8.0

③ タレントマネジメント
　育成と獲得により，2025年度にDX人材を10,000名とすることを目標として

掲げています。2023年3月末日現在，DX人材は8,163名在籍しています。

＊1　One NECサーベイ（キンセントリック社によるグローバルサーベイを利用）に参画している当社および
　　　連結子会社（2022年度は49社）における調査結果に基づきます。
　　目標値であるエンゲージメントスコア50％は，「2025中期経営計画」を策定した2021年5月時点で，グロー
　　　バル企業の上位25％タイルに相当します。
＊2　当社単体の数値です。
＊3　2025年度末目標における役員とは，2026年3月末日時点の取締役，執行役，Corporate SEVP，
　　　Corporate EVPおよびCorporate SVP（執行役，Corporate SEVP，Corporate EVPおよびCorporate
　　　SVPについては2025年度内に決定された2026年4月1日付異動を含みます。）を指します。また，2022
　　　年度末実績における役員とは，2023年3月末日時点の取締役，監査役および執行役員を指します。
＊4　全管理職に占める女性の割合は，「女性の職業生活における活躍の推進に関する法律」（平成27年法律
　　　第64号）の規定に基づき算出しています。また，2025年度末目標は，2025年度内に決定された2026年
　　　4月1日付異動を含みます。

3　事業等のリスク

　NECグループでは，NECグループの事業に関連する社内外のリスクを的確に把握し対応するための全社横断的なリスク管理体制を整備しています。

　具体的には，リスク・コンプライアンス委員会を設置し，リスク管理に関する活動方針，NECグループとして対策を講ずべき重点対策リスクの選定・対応方針のほか，期中のリスク変動により全社横断対応が必要となったリスクの対応，その他の全社リスク管理に関する重要な事項を審議し，経営会議および取締役会に定期的に報告しています。また，NECグループとして認識しておくべきリスクを網羅的にとりまとめたリスク一覧をもとに，影響度・切迫性等の共通基準で各リスクを評価するリスクアセスメントを実施し，リスクの優先順位を可視化したリスクマップを作成しています。

　さらに，NECグループ全体のリスクを俯瞰して一元的・横断的に対応し，損失に繋がる可能性をコントロールする体制を強化するため，2023年4月1日付で新たにCRO（チーフリスクオフィサー）を設置しました。CROはリスク・コンプライアンス委員会の委員長を務め，日々変化する社会・事業環境の中で多様化・複雑化するリスクを感知・分析し，インパクトを評価するとともに，リスクマップにより対応の優先付けをした上で，各リスクを所管するチーフオフィサーと密に連携することで全社横断的なリスクマネジメントを主導します。

(point)　事業等のリスク

　「対処すべき課題」の次に重要な項目。新規参入により長期的に価格競争が激しくなり企業の体力が奪われるようなことがあるため，その事業がどの程度参入障壁が高く安定したビジネスなのかなど考えるきっかけになる。また，規制や法律，訴訟なども企業によっては大きな問題になる可能性があるため，注意深く読む必要がある。

本有価証券報告書に記載した事業の状況，経理の状況等に関する事項のうち，経営者がNECグループの財政状態，経営成績およびキャッシュ・フローの状況に重要な影響を与える可能性があると認識している主要なリスクには，以下のようなものがあります。なお，文中の将来に関する事項は，当連結会計年度末現在において，NECグループが判断したものです。

(1)　経済環境や金融市場の動向に関するリスク ·································
①　経済動向による影響
　NECグループの事業は，国内市場に大きく依存しています。NECグループの売上収益のうち国内顧客に対する売上収益の構成比は，当連結会計年度において連結売上収益の73.0％を占めています。今後の日本における経済情勢または国内顧客の業績および財政状態の悪化は，NECグループの業績および財政状態に重大な悪影響を与える可能性があります。

　NECグループの事業は，アジア，米国，欧州を含むNECグループが事業を行う国や地域の経済動向によっても影響を受けます。地政学的リスクおよび米中貿易摩擦を含む国際的な経済摩擦は世界経済の不確実性を高めており，また，保護主義的な通商政策の広がりは世界経済の成長の鈍化の一因となる可能性もあります。下記「④新型コロナウイルス感染症その他の感染症の流行による悪影響」に記載する新型コロナウイルス感染症その他の感染症が流行した場合やロシアによるウクライナ侵攻が長期化した場合にも，世界経済情勢に悪影響を与える可能性があります。さらに，かかる地政学的リスクや経済摩擦が，NECグループが事業を行う国や地域において顕在化した場合には，NECグループの事業の遂行に悪影響を与える可能性があります。

　また，国内外の政府・政府系機関または地方公共団体が，経済上の理由などにより，政策や

　予算の方針を変更した場合，NECグループの事業に悪影響を与える可能性があります。

　NECグループの事業計画および業績予想は，NECグループが属する市場における経済活動の予測に基づき作成していますが，上記のような一般的な国内外の

経済の不透明さによって市場における経済活動の予測も困難となっており，NEC グループの将来の収益および必要経費についても，その予測が困難となっています。計画編成または業績予想を行う際に予測を見誤った場合，NEC グループは変化する市場環境に適切に対応できない可能性があります。

② **為替相場および金利の変動**

NEC グループは，米ドル／円相場やユーロ／円相場を中心に外国為替相場の変動リスクにさらされています。円建てで表示されている当社の連結財務諸表は，外国為替相場変動の影響を受けます。為替変動は，外貨建取引から発生する株式投資，資産および負債の日本円換算額ならびに外貨建てで取引されている製品・サービスの原価および売上収益に影響を与えます。2023 年 3 月 31 日現在における，NEC グループの営業債権，営業債務および為替予約等についてのエクスポージャー純額は米ドル建てで 213 百万米ドルの債権ポジションであり，同日において円が米ドルに対して 1％円安となった場合，税引前利益は 284 百万円増加します。NEC グループは，為替リスクを軽減し，またこれを回避するために外貨建て営業債権債務の相殺や先物為替予約，通貨オプションを利用するなど様々な手段を講じていますが，為替相場の変動は NEC グループの事業，業績および財政状態に悪影響を与える可能性があります。特定の外国為替の変動は，競合会社に有利に影響する一方で，NEC グループには悪影響を与える場合もあります。

また，NEC グループは，金利変動リスクにもさらされており，かかるリスクは，NEC グループの事業運営に係る経費全体ならびに資産および負債の額，特に長期借入金に伴う負担に影響を与える可能性があります。2023 年 3 月 31 日現在における，NEC グループの変動金利付の長期借入金残高は，2 億円です。NEC グループは，このような金利変動リスクを回避するために金利スワップ取引を利用するなど様々な手段を講じていますが，かかる金利変動リスクは，NEC グループの事業運営に係る経費の増加，金融資産の価値の下落または負債の増大を招く可能性があります。

③ **市況変動**

NEC グループの製品およびサービスの需要は，国内外における ICT 市場の市況変動の影響を受ける可能性があります。ICT 市場の市況が低迷した場合の他にも，

既存の製品・サービスの陳腐化，過剰在庫，コスト競争力の低下により，NEC
グループの製品およびサービスの需要は悪影響を受ける可能性があります。また，
これらの市場は不安定な性質を有しており，回復したとしても将来再び低迷する
可能性があり，その結果，NEC グループの事業，業績および財政状態に悪影響
を与える可能性があります。

④ 新型コロナウイルス感染症の流行による悪影響

　新型コロナウイルス感染症その他の感染症の流行または拡大は，NEC グループ，
NEC グループの仕入先および顧客が事業を行う地域において，不安定な社会，経
済，財政および労働環境を招く可能性があります。これらが NEC グループ，
NEC グループの仕入先および顧客の事業に与える影響の程度は，当該感染症の収
束時期や各国政府の対応（渡航制限や外出自粛要請などの感染予防および感染拡
大対策を含む。）などによるため，極めて不透明であり，予測することが困難です。
NEC グループの顧客である政府・政府系機関，地方公共団体および企業が感染
拡大等の事態への対応に注力した場合，これらの顧客からの NEC グループの製
品およびサービスに対する受注が従前の想定を下回る可能性があります。新型コ
ロナウイルス感染症については，新型コロナウイルス感染症の影響を受けた経済
活動制限が緩和されたこと等により国内経済に復調が見られる可能性はあるもの
の，新型コロナウイルス感染症の変異株を含む今後の感染症の拡大状況，ワクチ
ンの効果・接種率の推移，医療体制の逼迫状況といった NEC グループがコント
ロールできない事情や今後の事態の進展次第では，国内の経済活動が期待された
とおりに回復する保証はなく，NEC グループの事業および業績が悪影響を受ける
可能性があります。

　NEC グループは，ハイブリッドワークを強化した「Smart Work 2.0」のもと，
感染予防対策を兼ねて相当数の従業員の在宅勤務を実施していますが，それに
よって不正なアクセスまたはサイバー攻撃を受ける危険性や，NEC グループや顧
客その他の第三者に関する個人情報または機密情報が流出する危険性が増大する
おそれがあるほか，内部統制システムが新型コロナウイルス感染症の拡大前の水
準で有効に機能しない可能性もあります。現在，NEC グループの生産施設への重
大な悪影響やサプライチェーンの著しい混乱は生じていませんが，今後の感染症

の拡大状況やそれに応じた各国政府による感染対策などによっては，顧客や仕入先の工場閉鎖，操業停止および財政状態の悪化が生じる可能性があり，また，調達物品の価格上昇や供給遅延，確保が困難となる状況が生じる可能性もあります。新型コロナウイルス感染症を含む感染症の流行または拡大がNECグループの事業活動へ与える悪影響については，その全体像および継続期間を予測することはできません。

　また，新型コロナウイルス感染症その他の感染症の流行または拡大による影響の程度やその収束時期によっては，のれんその他の無形資産や使用権資産などNECグループの保有資産の減損のほか，主要な保有株式の価値の減少が生じ，NECグループの財政状態に悪影響を与える可能性があります。2023年3月31日現在におけるNECグループのその他の包括利益を通じて公正価値で測定する資本性金融商品は1,407億円ですが，新型コロナウイルス感染症の拡大による影響によりこれらの価値が減少する可能性があります。

　新型コロナウイルス感染症その他の感染症の流行または拡大およびその感染予防対策がNECグループの事業，業績および財政状態に与える悪影響について，その全体像を現時点で確実性をもって予測することはできません。

(2)　NECグループの経営方針に関するリスク

①　中期経営計画

　NECグループは，2021年5月に，2026年3月期を最終事業年度とする「2025中期経営計画」を発表し，企業価値の最大化に向けて，Purpose・戦略・文化の一体的な取り組みを経営方針として掲げています。

　NECグループは，「2025中期経営計画」の実現に向けて，「第一部　企業情報　第2　事業の状況　1　経営方針，経営環境及び対処すべき課題等　(4)中長期的な会社の経営戦略および対処すべき課題」に記載した取組みを実行しているところですが，それらの取組みを通じて「2025中期経営計画」で掲げた目標を達成できるか否かについては，デジタル・ガバメント，デジタル・ファイナンスやグローバル5Gなどにおいて事業拡大を企図している市場が，NECグループが想定した規模に成長しないリスク，当該市場の成長が想定したスピードを下回るリス

ク，当該市場においてNECグループが獲得するシェアが想定を下回るリスク，「2025中期経営計画」において計画している戦略的費用の投入によっても期待した効果が発現しないリスクなど，本「第一部　企業情報　第2　事業の状況　3　事業等のリスク」に記載した事項を含む様々なリスク要因により影響を受けるため，それらの取組みが計画どおりに進捗せず，「2025中期経営計画」で掲げた目標について，当初計画した期間内に達成できない，または全く達成できない可能性があります。

② **財務および収益の変動**

　NECグループの各四半期または各年度の経営成績は，必ずしも将来において期待される業績の指標とはなりません。NECグループの業績は，新技術・新製品・新サービスの導入や市場での受容，技術・インフラの開発または事業化の遅延・失敗，技術進歩や広く利用されているソフトウェアのサポートサービスの終了および技術投資のサイクル，製品原価の変動とプロダクト・ミックス，顧客からの受注・納入時期に係る季節性，顧客の事業が成功するか否かにより影響を受け，また，製品・サービスごとに異なる顧客の注文の規模や時期，買収した事業や獲得した技術の影響，買収により期待するシナジーを実現する能力，固定費等を含む種々の要因により四半期ごと，年度ごとに変動しており，今後も変動します。

　NECグループの業績に影響を与え，特定の期間の業績予想を困難にする，NECグループがコントロールできないその他の動向や外部要因には，次のようなものがあります。

　（a）提供する製品・サービスを取り巻く事業環境の悪化
　（b）ICT市場ならびに日本経済および世界経済の全般的な状況の変化
　（c）競業会社による画期的な技術革新等により生じる予期しない市場環境の変化
　（d）財政支出の規模，時期を含む政府のICTインフラの開発，展開に関する決定
　（e）顧客による設備・ICT投資の規模や時期
　（f）顧客の在庫管理方針
　（g）ICT業界に影響を与える法令，政府規制，政策等の変更
　（h）資本市場の状況および顧客や取引先による資金調達力または設備投資能力の悪化

（i）顧客や取引先の信用状態の悪化等

　これらの動向や要因は，NECグループの事業，業績および財政状態に重大な悪影響を与える可能性があります。

③　企業買収・事業撤退等

　NECグループは，事業拡大や競争力強化などを目的として，企業買収，事業統合および事業再編を実施しており，例えば，デジタル・ガバメントおよびデジタル・ファイナンスを推進する戦略の一環として，2018年1月に英国のノースゲート・パブリック・サービシズ社（現NECソフトウェア・ソリューションズ・ユーケー社），2019年2月にデンマークのケーエムディ・ホールディング社，また，2020年12月にスイスのアバロク・グループ社をそれぞれ買収しました。NECグループは，今後も，「2025中期経営計画」で掲げた成長戦略の一環として，適切な企業買収等を検討していきます。しかしながら，NECグループの企業買収等の戦略に合致する適切な対象企業を見つけることができない可能性があり，また，適切な対象企業を見つけることができた場合であっても，次のような要因により，NECグループの戦略上の目標達成能力に悪影響を与える可能性があります。

(a) かかる企業買収，事業統合および事業再編による成長機会の確保，財務体質の改善，投資効果やシナジー効果，期待されるその他の利益が，期待していた期間中に実現されないかまたは全く達成されない可能性

(b) かかる企業買収，事業統合および事業再編に適用される規制・関係法令や契約上またはその他の条件により，計画された企業買収，事業統合および事業再編が予定どおりに完了しないかまたは全く実行されない可能性

(c) かかる企業買収，事業統合および事業再編の過程において，海外市場を中心として，人事・情報システム，経営管理システム，および顧客向け製品・サービスの整理または統合の遅れや，想定外の費用および負担が発生するなど，予想を上回る問題が発生する可能性

(d) 買収等の対象企業において，事業の継続・成長に必要な経営陣の確保や中長期的にNECグループとして事業を遂行するための体制の移行に支障が生じる可能性

(e) 顧客が，費用やリスク管理等のために仕入先の分散を望む場合に，買収，

統合または再編後の会社が既存の顧客および戦略的パートナーを維持できない可能性

(f) 買収，統合または再編後の会社がNECグループの追加の財務支援を必要とする可能性

(g) 経営陣および主要な従業員等が，企業買収，事業統合または事業再編に必要な業務に割かれることにより，NECグループの既存の主要事業の収益の増加およびコスト削減に注力できない可能性

(h) かかる企業買収や事業再編から発生するのれんおよびその他の無形資産が減損の対象となる可能性

(i) 買収，統合または再編後の会社への出資について，評価損が発生する可能性

(j) その他，かかる企業買収，事業統合および事業再編が予期せぬ負の結果をもたらす可能性

これらを含むいずれのリスクも，NECグループの事業，業績，財政状態および株価に悪影響を与える可能性があります。

一方で，NECグループは，近年，事業戦略に整合しない事業や低収益事業のうちの一部について撤退・縮小を実施しています。しかしながら，市場環境や買手先候補の意向等により，NECグループが希望する時期・条件での事業の撤退・縮小が実現できる保証はなく，その事業戦略の実現のために望ましい条件での事業の撤退・縮小が行えない場合，NECグループの事業および業績に悪影響を与える可能性があります。

④　戦略的パートナーとの提携関係

NECグループは，新技術および新製品の開発ならびに既存製品および新製品の製造に関して，業界の先進企業と長期的な戦略的提携関係を構築しており，例えば，2020年6月には，楽天モバイル（株）との間で完全仮想化スタンドアローン方式の5Gコアネットワークの共同開発に合意し，また，同月，日本電信電話（株）との間で5Gや多様なICT製品の共同研究開発およびグローバル展開を目指した資本業務提携を実施しています。さらに，2021年7月には，米国マイクロソフト社と顧客へのクラウド導入やDXの加速を目的として，同社と戦略的パートナー

シップを拡大する契約を締結しています。これらの戦略的パートナーに財務上その他事業上の問題が発生した場合や，戦略的パートナーが戦略上の目標変更や提携相手の見直し等を行った場合，NEC グループとの提携関係を維持しようとしなくなるか，維持することができなくなる可能性があります。これらの提携関係を維持できない場合には，NEC グループの事業活動に支障が生じる可能性があります。また，戦略的提携関係を構築した結果，共同開発の対象となる技術を使用した製品や，NTT グループや楽天モバイル（株）との提携を通じて推進する Open RAN に関する規格など戦略的提携関係による開発対象となる規格の取扱いを戦略的パートナーに依存し，NEC グループの製品およびサービスの拡大または多様化に関する NEC グループの自由度が制限される可能性があります。

また，NEC グループの競合会社は，NEC グループの製品およびサービスと競合する分野における競争力強化や新技術の開発を目指して戦略的提携を実施することがあります。例えば，競合会社による戦略的提携により開発された規格が業界の標準規格としての地位を獲得したことにより，NEC グループが自らまたは戦略的提携相手と推進する規格が普及しないなど，競合会社による戦略的提携が成功した場合，その影響により，NEC グループの事業戦略が奏功しない可能性があります。

NEC グループは，様々なプロジェクトに他の企業とともに参加し，NEC グループと他の企業の製品またはサービスを統合して顧客の要求に合致するシステムとして提供することがあります。戦略的パートナーが倒産その他の要因により提携関係における役割を維持できない場合，または NEC グループ以外の企業が提供する製品もしくはサービスのいずれかに起因する当該統合システムの誤作動もしくは顧客 の要求事項との相違その他の欠陥や問題が生じた場合，NEC グループの評価および事業に重大な悪影響を与える可能性があります。

⑤　海外事業の拡大

NEC グループは，デジタル・ガバメント，デジタル・ファイナンスやグローバル5Gの推進など海外市場での事業拡大に向けて種々の施策を実行しています。このうち，デジタル・ガバメントおよびデジタル・ファイナンスの推進の成否については，特に，2018年1月に買収した英国のノースゲート・パブリック・サー

ビシズ社（現NECソフトウェア・ソリューションズ・ユーケー社），2019年2月に買収したデンマークのケーエムディ・ホールディング社および2020年12月に買収したスイスのアバロク・グループ社など近年買収した海外企業の成長やこれらの海外企業とNECグループとの適切な統合を通じた事業シナジーの実現の可否に左右されます。また，NECグループは，海外市場での事業拡大に伴い，特定の地域または市場に固有のリスクにさらされています。企図した製品・サービスの収益化や市場の成長が予想よりも遅い場合，NECグループの新しい製品・サービスが顧客に受け入れられない場合，収益獲得の機会が競争もしくは規制により損なわれる場合，または計画した買収，投資もしくは資本提携が規制当局に承認されない場合には，NECグループの新規市場への進出や新製品・サービスの提供が奏功しない可能性があります。また，現地の商慣行および法令規則の知見や理解が不十分な可能性や，市場によっては適切な事業や提携先を見つけることが困難である可能性もあります。そのほか，海外の潜在的な顧客と現地供給業者との間の長期的な提携関係の存在や国内事業者保護のための規制等の種々の障壁に直面しています。

海外市場での成長機会を捉えるために，収益の計上が見込まれる時期より相当前から多額の投資を行う必要がNECグループに生じる可能性がありますが，このような投資が，期待される水準の収益成長をもたらす保証はありません。また，このような投資額の増大によって，利益の増加を上回るペースで費用が増加する可能性があります。さらに，海外におけるNECグループの事業および投資は，為替管理，外資による投資または利益もしくは投資資本の本国送金に対する諸規制，現地産業の国有化，5G関連技術を含む輸出入にかかる要件や規制の変更，海外当局からの許認可等の取得といった海外市場における規制，米中貿易摩擦を含む国際的な経済摩擦，税制・税率の変更，さらには昨今のウクライナ情勢に代表される経済的・社会的・政治的・地政学的リスク等により悪影響を受ける可能性があります。

さらに，海外の金融市場および経済に問題が発生した場合には，当該海外市場の顧客からの需要が悪影響を受ける可能性もあります。

これらの要因により，NECグループは，海外市場における事業拡大に成功せず，

その結果，NECグループの事業成長，業績および財政状態に重大な悪影響を与える可能性があります。

(3) NECグループの事業活動に関するリスク ·······································
① 技術革新および顧客ニーズへの対応

　NECグループが事業を展開する市場は，急速な技術革新と技術標準の進展，顧客の嗜好の変化および新製品・新サービスの頻繁な導入を特徴としており，これらにより既存の製品・サービスは急速に陳腐化し，または市場性を失う傾向があります。NECグループの将来における競争力の維持・強化には，次のような技術革新への対応能力が必要です。

　(a) AI，IoT，生体認証やサイバーセキュリティ技術を中心とした分野における急速な技術革新に対応して，技術面でのリーダーシップを維持する能力
　(b) 既存の製品・サービスを向上させる能力
　(c) 顧客のニーズを満たす革新的な製品をタイムリーにかつコスト効率よく開発し生産する能力
　(d) 新たな製品・サービスおよび技術を使用し，またはこれらに適応する能力
　(e) 優秀な技術者や理工学分野の人材を採用し雇用する能力
　(f) 開発する新製品・新サービスに対する需要およびこれらの商品性を正確に予測する能力
　(g) 開発した技術を事業化する能力
　(h) 新製品の開発または出荷の遅延を回避する能力
　(i) 高度化する顧客の要求に対応する能力
　(j) 顧客の製品およびシステムにNECグループの製品が組み込まれるようにする能力

　NECグループの上記の対応能力は，特に，研究開発費用を確保した上で行われる技術革新等に対応するための適切な研究開発体制の維持と，かかる研究開発体制に基づき蓄積されてきた研究開発結果に支えられているところ，資金，人材，その他のリソース不足等により研究開発力の維持が困難となるなどし，上記の対応能力が不足・低下した場合，NECグループは将来における競争力を失う可能

性があります。

　NECグループは，技術革新および顧客嗜好の急速な変化に対応する，製品・サービスの改良や新製品・新サービスの開発を行い，市場投入することができない可能性があります。将来の技術革新および顧客嗜好の変化は，過去に実際に生じた変化とは異なる傾向や時間軸で生じる可能性があり，現時点での予測とも異なる可能性があります。NECグループがこれらの技術革新および顧客嗜好の変化を適切に把握し対応できなかった場合，またはそのような変化の方向性を正確に予測できなかった場合，NECグループの事業，業績および財政状態は著しく損なわれる可能性があります。さらに，NECグループの技術を顧客の期待に沿ったかたちで製品に組み込むことができなかった場合，NECグループの顧客との関係，評価および収益に悪影響を与える可能性があります。

　NECグループは，現在提供している製品およびサービスや将来提供しようとしている製品およびサービスについて，業界の標準規格となる技術を開発し商業化するために，他の企業との提携およびパートナーシップの形成・強化に努めています。また，NECグループは，かかる技術の開発および商業化に多大な資金，人材およびその他のリソースを投じています。例えば，2020年6月に公表した日本電信電話（株）との資本業務提携は，「O-RAN」をはじめとするオープンアーキテクチャの普及促進を目的としていますが，かかる「O-RAN」は，競合会社が推進しようとしているOpen-RANの規格と競合しています。競合会社の技術が業界の標準規格として採用された場合，かかる規格技術の開発や商業化を行うことができない可能性があります。そのような場合，NECグループの競争上のポジション，評価，業績および財政状態に悪影響を与える可能性があります。

② 競争の激化

　NECグループは，事業を展開する多くの市場において激しい競争にさらされています。かかる競争状態は，NECグループの利益の維持に対する深刻な圧力となっており，当該圧力は特に市場が低迷した場合に顕著となります。また，競合会社の市場参入に伴い，NECグループの製品・サービスが厳しい価格競争にさらされるリスクが増大しています。主にアジア諸国における競合会社の中には，オペレーションコストの面でNECグループよりも有利であり，顧客に対する販売価格面で

競争力を有している会社が存在する可能性があります。また，将来的には，NEC グループよりも強固な財務基盤を有する多国籍企業とも競合する可能性がありますが，このような多国籍企業は，戦略的な価格設定や研究開発に向けた多額のリソースの投入・大規模な人材登用を実施することがあります。さらに，近年，NEC グループが開発した新製品の市場投入から競合会社による同様または同種の製品の市場投入までの間隔が短くなっており，NEC グループの製品が従来より早く激しい価格競争にさらされる可能性があります。

　NEC グループは，大規模な多国籍企業から比較的小規模で急成長中の高度に専門化した企業まで，国内外を問わず多くの会社と競合しています。特定分野に特化している多くの競合会社とは異なり，NEC グループは多角的に事業を展開しているために，競合会社より多くのリソースを保有していたとしても，それぞれの特定事業分野に関しては，競合会社ほどの資金を投入できない場合があり，また，そのような競合会社と同程度の迅速さや柔軟性をもって変化に対応することや，市場機会を捉えることができない可能性があります。さらに，特定分野において研究開発等のために多大な資金，人材およびその他のリソースを投入した場合であっても，これによって NEC グループの収益性や競争力の向上が達成される保証はなく，かかる資金投入等が結果的に NEC グループの事業および業績に悪影響を与える可能性があります。

　競合会社の規模や競争力の差異を生む要因は，業界や市場により異なります。例えば，5G 技術の分野では，多額のリソースの活用が可能な大規模な多国籍企業が競合会社に含まれるところ，当該分野において，かかる多国籍企業に対して競争上の優位性を確保できるかは，競合する業界において，NEC グループが自らまたは戦略的提携相手と開発・設計し，推進する技術・規格を用いたプラットフォームが支配的な地位を獲得できるかといった事情に左右されます。他方，デジタル・ガバメントやデジタル・ファイナンスの分野では，事業を展開する国や地域により NEC グループの有する市場シェアや競合会社となる企業が異なるため，競争上の優位性を確保するためには各国や地域における状況に応じた対応が必要となります。NEC グループが多角的な事業を展開する上でこのような事業分野ごとの特性に応じた効果的な事業戦略の遂行ができない場合には，NEC グルー

プの事業および業績に悪影響が及ぶ可能性があります。

NECグループは，政府・政府系機関向けプロジェクトやその他の大規模なプロジェクトで発注価格等の条件が厳格に設定されている案件への入札や受注提案プロセスに参加することがあり，その場合，NECグループの収益性がさらに低下する可能性があります。厳格な条件に合致させつつも収益性を維持するために，NECグループは，革新的かつ独自の価値を顧客に提供することによって継続的に収益を増加させ，かつ，開発製造業務の最適化やビジネスプロセスの改善などにより費用削減に努めていますが，これらの取組みをもってしても，収益性を維持できない場合があります。

NECグループは，現在の競合会社や潜在的な競合会社の一部に対し，製品やサービスを販売することがあります。例えば，大規模なプロジェクトで競合会社が主契約者となり，NECグループのソリューションを組み込みまたは利用して，ソリューションを提供する場合において，NECグループは，競合会社から注文を受けて，競合会社に対しNECグループのソリューションを提供する場合があります。この場合，かかる競合会社が，競合またはその他の理由により，かかる大規模なプロジェクトにおいてNECグループのソリューションを利用しないこととした場合，NECグループの事業に悪影響を与える可能性があります。

③　特定の主要顧客への依存

NECグループの事業ポートフォリオの大半は，政府・政府系機関向けの事業およびNTTグループをはじめとする大規模ネットワークインフラ企業向けの事業が占めますが，そのような事業の需要が変動した場合や事業を受注できなかった場合には，NECグループの売上収益に重大な悪影響を与える可能性があります。また，政府・政府系機関が予算，政策その他の理由で取引額を削減する可能性があるほか，顧客企業においても，事業上もしくは財務上の問題その他の理由により設備投資額もしくはNECグループとの取引額を削減または投資対象を変更する可能性があります。

また，NECグループは，政府・政府系機関向け事業の獲得に必要な入札・受注提案プロセスへの参加が規制上の理由により制約される可能性があります。例えば，当社は，2016年および2017年に公正取引委員会から認定された独占禁

止法違反行為に起因して，一定期間において，国内の多数の政府・政府系機関や
地方公共団体から指名停止措置を受け，入札参加資格を停止されました。NEC
グループは，規制違反行為の発生を防ぐため内部統制システムの強化に努めてい
ますが，かかる取組みを徹底しても，規制違反行為が発生する可能性を完全に否
定することはできません。また，需要の変動，政策変更または規制により，政府・
政府系機関向けの事業が縮小した場合，NEC グループの事業，業績および財政
状態に悪影響を与える可能性があります。

④ **新規事業の展開**

新製品・新サービスを開発する際には，製品の開発・製造に要する期間・費用
が非常に長期・多額となる可能性や，実際に製品・サービスの販売・提供による
収益が生じる相当以前から多くのリソースの投入が必要となる可能性があるなど，
多くのリスクを伴います。例えば，NEC グループは，AI を活用した創薬事業への
本格参入を企図して，2019 年にオンコイミュニティ社（現 NEC オンコイミュニ
ティ社）を買収しましたが，NEC グループの創薬事業の経験が乏しいことにより，
収益性を確保するまでには一定の期間を要し，場合によっては事業が奏功しない
可能性もあります。また，新製品・新サービスの開発中に，異なる新技術が導入
され，または標準規格が変更されること等により，NEC グループが新たに開発し
た製品・サービスを市場に投入する前に，当該製品・サービスが陳腐化し競争力
を失う可能性があります。新製品・新サービスには想定外の欠陥・エラーが含ま
れている可能性があり，新製品・新サービスを市場に投入・展開した後にこれら
が発見された場合，顧客に生じた損失に対する責任を追及される可能性や，NEC
グループまたはその製品・サービスの評価が毀損される可能性があります。これ
らの要因により，NEC グループの事業，業績および財政状態は著しく損なわれる
可能性があります。

⑤ **製品およびサービスの欠陥**

NEC グループが提供する製品およびサービスは，公的機関を顧客とするものも
含み，その欠陥により顧客や多数のエンドユーザーに深刻な損失をもたらす可能
性があります。顧客の基幹業務等高い信頼性が求められる，いわゆるミッション
クリティカルな業務において使用されている製品またはサービスに欠陥や提供の

遅延が生じた場合，NECグループは，顧客等に生じた損失に対する責任を追及される可能性があります。また，製品またはサービスの欠陥により社会的評価が低下する可能性や，リコール費用を負担する可能性もあります。特に，ICTに関する製品およびサービスは，一般的に，技術的障害やコンピューターウイルスなどのリスクにさらされていますが，NECグループは，消防・防災システムなど生命身体の安全を保護する場面で利用される製品およびサービスを提供しているため，より重大な責任を追及される可能性があります。さらに，生体認証技術といった革新的な技術を使用した製品およびサービスは，予測が困難なリスクにさらされる可能性があります。これらに起因して社会的評価が低下した場合や規制当局により制裁を受けた場合には，NECグループの販売力が損なわれる可能性があります。また，これらは不採算プロジェクトが発生する要因ともなります。

　NECグループでは，製品またはサービスの欠陥や不採算プロジェクトの発生を防ぐため，システム開発などのプロジェクトを遂行するにあたっては，システム要件の確定状況や技術的難易度の把握，システムを構成するハードウェアやソフトウェアの品質管理など，商談開始時からプロジェクトのリスク管理を徹底していますが，これらの発生を完全に防ぐことは困難です。NECグループが提供する製品もしくはサービスに欠陥が生じた場合または不採算プロジェクトが発生した場合には，NECグループの事業，業績および財政状態に悪影響を与える可能性があります。

⑥　部品等の調達

　NECグループの事業活動には，部品，製造装置その他の調達物品がタイムリーに納入されることが必要であり，中にはジャスト・イン・タイムの条件で購入しているものもあります。これらの部品等には，その複雑さや特殊性から仕入先が少数に限定されているものおよび仕入先または調達物品の切り替えが困難なものがあります。例えば，2020年以降の世界的な半導体の供給不足や米中貿易摩擦を含む国際的な経済摩擦，地政学的リスク等により，NECグループの主要顧客が属する業界を含む多くの業界が影響を受けているところ，今後NECグループにおいても，かかる半導体の供給不足等により製品やサービスの納入に遅れが生じる等，事業に悪影響が及ぶ可能性があります。また，NECグループに対する調達

物品の供給に遅延もしくは中断が生じた場合，規制変更や規制動向の変化が生じた場合，業界内の需要が増加した場合または関税などの貿易問題が生じた場合などには，必要な部品が不足し，代替品の調達費用が増加し，NEC グループの生産能力，効率および収益性に悪影響を与える可能性があります。さらに，金融市場の混乱により NEC グループの仕入先の資金繰りや支払能力に問題が生じた場合には，NEC グループの調達物品の調達元が減少したり，そのサプライチェーンに混乱が生じる可能性があります。また，調達した部品，製造装置その他の調達物品が NEC グループ製品の信頼性および評価に悪影響を与えるような欠陥を抱えている場合，または調達物品を適時に適切な価格で調達できない場合には，NEC グループの事業，業績および財政状況に悪影響が及ぶ可能性があります。

⑦　知的財産権等

　NEC グループの事業は，NEC グループが独自に開発した技術ならびに NEC グループの製品，サービス，事業モデルならびにデザインおよび製造プロセスに必要な特許権その他の知的財産権を取得できるか否かにより大きな影響を受けます。特許権等の登録・維持には，長い時間と多額の費用を要します。これらの特許は，異議申立てを受け，無効とされ，または回避される可能性があります。また，NEC グループが数多くの特許権その他の知的財産権を保有していたとしても，これらの権利により NEC グループの競争上の優位性が常に保証されているわけではありません。

　NEC グループが事業を展開する領域での技術革新は非常に速いため，知的財産権による保護には陳腐化のリスクがあります。また，NEC グループが将来取得する特許権の請求範囲が NEC グループの技術を保護するために十分広範囲であるという保証もありません。さらに，国によっては，特許権，著作権，トレードシークレット等の知的財産権による効果的な保護が与えられず，または制限を受ける場合があります。NEC グループの企業秘密は，従業員・元従業員，契約の相手方その他の者によって不正に開示または流用される可能性があります。また，NEC グループの知的財産権を侵害した品質の劣る模倣品により，NEC グループのブランドイメージが損なわれ，NEC グループの製品の売上に悪影響を与える可能性もあります。さらに，NEC グループが特許権その他の知的財産権を行使する

ために訴訟を提起する必要がある場合，当該訴訟に多額の費用および多くの経営資源が必要となる可能性があります。

⑧　第三者からのライセンス

　NECグループの製品には，第三者からソフトウェアライセンスやその他の知的財産権のライセンスを受けて製造・販売しているものがあり，今後もNECグループの製品に関連して第三者から必要なライセンスを受け，またはこれを更新する必要があります。NECグループは，経験および業界の一般的な慣行を踏まえ，原則としてこれらのライセンスを商業的に合理的な条件で取得することができると考えています。しかし，将来NECグループが必要とするライセンスを，第三者から商業的に合理的な条件で取得できる保証はなく，また，全く取得できない可能性もあります。そのような場合，かかるライセンスを利用する事業活動を制限または停止しなければならず，NECグループの事業，業績および財政状態に悪影響を与える可能性があります。

⑨　顧客に対する信用リスク

　NECグループは，顧客に対してベンダーファイナンス（NECグループの製品・サービスの購入資金の供与）を提供することがあり，また，支払期間の延長や，NECグループの製品・サービスの購入を援助するためその他の方法による財務支援を行うことがあります。NECグループが財務上またはその他の事情により，顧客が受入れ可能な条件での支払条件の設定もしくはその他の方法による財務支援ができない場合，または条件にかかわらずかかる行為を一切行うことができない場合は，NECグループの業績に悪影響を与える可能性があります。

　さらに，NECグループの顧客の多くは，代金後払いの方法によりNECグループから製品・サービスを購入していますが，NECグループが支払期限の延長またはその他の支払条件の提案を行った顧客やNECグループが多額の売掛金を有する顧客に財務上の問題が発生した場合には，NECグループの事業，業績および財政状態に悪影響を与える可能性があります。

⑩　人材の確保

　NECグループは，社会に受け入れられる製品・サービスおよびソリューションを開発するため，優秀な従業員を獲得し維持する必要があり，また，そのような

(point) **財政状態，経営成績及びキャッシュ・フローの状況の分析**

　「事業等の概要」の内容などをこの項目で詳しく説明している場合があるため，この項目も非常に重要。自社が事業を行っている市場は今後も成長するのか，それは世界のどの地域なのか，今社会の流れはどうなっていて，それに対して売上を伸ばすために何をしているのか，収益を左右する費用はなにか，などとても有益な情報が多い。

優秀な従業員の獲得に際しては，豊富なリソースを有する多国籍のテクノロジー企業と競合する可能性があります。そのため，NECグループの人事部門は，中期経営計画の成長領域をはじめ，NECグループの事業を推進する部門に必要な人材を採用し，その雇用を継続することに努めており，将来の採用コストおよび人件費が増加する可能性があります。また，今後，技術および業界におけるトレンドの変化に伴い，社会感度が高く，様々な価値観，能力，バックグラウンドや従来とは異なる技術を有する多様な人材を採用する必要性が高まる可能性があります。具体的には，近年のデジタル化・自動化の進展に伴い，AI，機械学習，データサイエンスおよび統計分析等の技術を有する人材の需要が増していることから，これらの人材の獲得に向けた競争は今後より激しくなることが見込まれ，そのような技術を備えた人材の採用は，従来の採用方法とは異なる方法によって行う必要が生じる可能性があります。

　これらの要因により，優秀な従業員が多数離職した場合，優秀な人材を新規に採用することができなかった場合，または人材の多様性が確保できなかった場合には，NECグループの事業目的の達成が困難となり，社会価値創造型企業として社会に受け入れられる製品・サービスおよびソリューションを提供できなくなることがあります。

⑪　資金調達

　NECグループは，営業活動によるキャッシュ・フローや銀行その他の金融機関からの借入金による資金調達に加え，コマーシャル・ペーパーその他の債券の募集等により資本市場から資金を調達しています。NECグループの信用状態が低下した場合，格付けが低下し，NECグループの金利負担が増加するとともに，NECグループのコマーシャル・ペーパー市場または債券市場における資金調達能力が悪影響を受ける可能性があり，その結果，NECグループの手許流動性，業績および財政状態にも悪影響を与える可能性があります。NECグループは，比較的高い財務レバレッジを維持しているため，負債による資金調達が困難になった場合には特に事業遂行に影響を与える可能性があります。

　NECグループの資金調達およびその費用は，NECグループの主要な貸手の倒産やNECグループに対する融資停止の決定，または資本市場の不安定さにより，

悪影響を受ける可能性があります。NEC グループが満足できる条件で外部から資金を調達することができない場合もしくは全く資金を調達することができない場合，または営業活動や必要に応じた資産の売却によって十分なキャッシュ・フローを生み出すことができない場合，NEC グループは債務を履行することができなくなり，NEC グループの事業，業績および財政状態は重大な悪影響を受ける可能性があります。また，NEC グループの事業のために必要な資金調達を追加的な借入れで行う場合，NEC グループの成長戦略を実行する能力に制約を与えるような財務的その他の制限的義務が課される可能性があります。

　NEC グループは，原則として純投資目的以外の目的（いわゆる政策保有目的）で上場会社の株式を保有しないこととしているものの，NEC グループとの協業や投資先との事業上の関係等において必要と判断した会社の株式については，例外的に純投資目的以外の株式として保有します。ただし，純投資目的以外の株式を保有することとした場合であっても，個別銘柄ごとに保有の必要性や，得られるリターンを検証するなど資本コストの観点等を総合的に評価したうえで，取締役会において一定の基準に基づき保有の合理性を検証し，保有の合理性が認められないと判断される場合には売却することとしています。当連結会計年度においても保有する純投資目的以外の株式の売却を進めており，当該売却により192億円の資金を獲得しました。かかる売却後も NEC グループは，2023年3月末時点で，純投資目的以外の株式（非上場株式を含む。）を1,407億円保有しているところ，これらの約33％が市場株価のある上場株式であり，国内外の経済情勢や株式市場の需給関係の悪化，保有先企業の経営状態の悪化等により株価が低下する可能性があります。売却時期についての具体的な目標の設定はありませんが，保有する純投資目的以外の株式の株価が低下した場合，NEC グループは，希望する時期に純投資目的以外の株式の売却を進めることができず，純投資目的以外の株式の売却による資金の獲得ができなくなる可能性があります。

（4）　内部統制・法的手続・法的規制等に関するリスク ⋯⋯⋯⋯⋯⋯⋯⋯⋯⋯
①　内部統制
　NEC グループは，財務報告の正確性を確保するために，業務プロセスの文書

化やより厳密な内部監査の実施により内部統制システムの強化に努めていますが，その内部統制システムが有効なものであっても，財務諸表の作成およびその適正な表示について合理的な保証を与えることができるにすぎず，従業員等の人為的なミスや不正，複数の従業員等による共謀等によって機能しなくなる場合があります。また，内部統制システムの構築当時に想定していなかった事業環境の変化や非定型的な取引に対応できず，構築された業務プロセスが十分に機能しない可能性もあり，虚偽の財務報告，横領等の不正および不注意による誤謬が発生する可能性を完全には否定することはできません。このような事態が生じた場合には，財務情報を修正する必要が生じ，NECグループの財政状態および業績に悪影響を与える可能性があります。また，NECグループの内部統制システムに開示すべき重要な不備が発見された場合，金融市場におけるNECグループの評価に悪影響を与える可能性があり，かかる不備を是正するために多額の追加費用が発生する可能性もあります。さらに，内部統制システムの開示すべき重要な不備に起因して，行政処分または司法処分を受けた場合には，NECグループは，事業機会を失う可能性があります。

　NECグループは，業務の適正化および効率化の観点から業務プロセスの継続的な改善・標準化に努めていますが，様々な国や地域で事業活動を行っており，また業務プロセスも多岐にわたっているため，特にNECグループにとって新しい事業を行う会社や新しい国や地域で事業を行う会社を買収またはNECグループに統合する場合，共通の業務プロセスの設計およびその定着化は必ずしも容易ではなく，結果として業務プロセスの改善・標準化に多くの経営資源・人的資源と長期間にわたる対応の継続を要し，多額の費用が発生する可能性があります。

② 　**法的手続**

　NECグループは，特許権その他の知的財産権に係る侵害その他の主張に基づく訴訟または法的手続を申し立てられることがあります。NECグループの事業分野には多くの特許権その他の知的財産権が存在し，また，新たな特許権その他の知的財産権が次々と生じているため，ある製品またはサービスについて第三者の特許権その他の知的財産権を侵害する可能性の有無を事前に完全に評価することは困難です。特許権その他の知的財産権侵害の主張が正当であるか否かにかかわら

ず，かかる主張に対して NEC グループを防御するためには，多額の費用および多くの経営資源が必要となる可能性があります。特許権その他の知的財産権侵害の主張が認められ，NEC グループが侵害したとされる技術またはそれに代わる技術についてのライセンスを取得できなかった場合には，NEC グループの事業に悪影響を与える可能性があります。

NEC グループは，商取引法，独占禁止法，贈収賄防止法，製造物責任法，環境保護法などに関する様々な訴訟および法的手続の対象となる可能性があります。

NEC グループが当事者となっているかまたは今後当事者となる可能性のある訴訟および法的手続の結果を予測することは困難ですが，かかる手続において NEC グループにとって不利な結果が生じた場合，NEC グループの事業，業績および財政状態に重大な悪影響を与える可能性があります。さらに，NEC グループが関係する法的手続に関して必要となる財務資源および経営陣を含む人的資源等の経営資源についても同様に予測することは困難であり，その程度によっては，これらを適時に確保することが困難となり，NEC グループの事業遂行に重大な悪影響を与える可能性があります。また，NEC グループが法令および規制に違反した場合には，罰金または科料等が科せられるおそれがあるほか，政府・政府系機関，地方公共団体および国際機関からの受注や入札参加資格が停止されるおそれがあるなど，NEC グループの事業，業績，財政状態および評価に重大な悪影響を及ぼす可能性があります。

③ **法的規制等**

NEC グループは，事業を展開する多くの国や地域において，予想外の規制の変更，法令適用や政府の政策の運用の不確実性およびその法的責任が不透明であることに関連する多様なリスクにさらされています。日本およびその他の国や地域の政府の経済，貿易，租税，労働，国防，財政支出，個人情報保護等に関する政策を含め，NEC グループが事業を展開する国や地域における規制環境の重要な変更により，事業内容の変更を余儀なくされるほか，NEC グループの事業，業績および財政状態に悪影響を与える可能性があります。

例えば，2021 年 4 月に，欧州データ保護監督官 (European Data Protection

Supervisor）が，生体認証技術やAI技術の分野において新たな規制を設ける旨を公表しており，今後，EUその他の国や地域において，かかる新規制の導入や関連する法改正が行われた場合，NECグループの事業および業績に悪影響を及ぼす可能性があります。また，各国の規制当局は経済制裁対象国や特定の個人または団体との取引等を制限または禁止しており，それらの規制は短期間のうちに大幅に改正される場合があります。NECグループはコンプライアンス・プログラムを実施していますが，当該規制への違反を防止する上で十分に機能しない可能性があり，違反が発生した場合等には，NECグループの社会的信用，事業，業績および財政状態に悪影響を及ぼす可能性があります。

④　環境規制等 ···

　NECグループの事業は，大気汚染，水質汚濁，有害物質の使用および取り扱い，廃棄物処理，製品含有化学物質，製品リサイクルならびに土壌・地下水汚染の規制や地球温暖化防止などを目的とした様々な環境法令の適用を受けています。また，NECグループは，過去，現在および将来の製造活動に関し，環境責任を負うリスクを抱えています。NECグループが現在および将来の環境規制を遵守できなかった場合やNECグループが責任を負う汚染が発見された場合，罰金，有害物質の除去費用または損害賠償を含む多額の費用や，施設および設備を改良する多額の投資を要する可能性があります。また，将来，新たな環境問題が生じた場合や，自社の温室効果ガス排出量に応じて金銭的負担が生じるカーボンプライシングの導入など環境規制がより厳格化する場合など予期せぬ事態が生じた場合，NECグループの社会的評価の悪化，事業活動の制限または製品設計や商品性への影響などによって，NECグループの業績および財政状態に悪影響を及ぼす著しい環境コストを負担する可能性があります。

　NECグループは，自主管理基準や2050年を見据えた長期視点の気候変動対策指針を設定・策定し，NECグループの環境方針に従って適切な業務遂行や環境監査を実施するなど，法令および政府当局の指針の遵守に努めています。また，2022年9月に，サプライチェーン全体からのCO_2排出量を2040年までにゼロとすることをめざすイニシアティブ「The Climate Pledge」（TCP）へ参加し，CO_2排出量削減対策を強化しています。しかしながら，これらの措置やイニシア

ティブへの参加は過去，現在および将来の事業活動に関して生じるおそれのある潜在的な責任を回避する上で必ずしも有効に機能しない可能性があります。また，将来，新たなまたはより厳格化する環境規制の遵守や，有害物質等を除去する義務に関する費用が発生する場合，さらにはカーボンニュートラルに向けた目標を達成できなかった場合，NECグループの事業，業績および財政状態に悪影響を与える可能性ならびにNECグループの評価およびブランド価値が低下する可能性があります。なお，NECグループの気候変動への対応については「第一部　企業情報　第2　事業の状況　2　サステナビリティに関する考え方及び取組　(2)戦略並びに指標及び目標のうち重要なもの　②NECグループの気候変動に関する戦略並びに指標及び目標」に記載のとおりです。

⑤　税務

　NECグループの実効税率は，税率の低い国や地域での収益が予想よりも少なく，税率の高い国や地域での収益が予想よりも多い場合や，NECグループの繰延税金資産および繰延税金負債の評価の変更，移転価格の調整，損金算入されない報酬の税効果，またはNECグループが事業を展開する多くの国や地域における租税法令，会計基準もしくはそれらの解釈の変更が行われた場合，悪影響を受ける可能性があります。今後，実効税率が大幅に上昇した場合には，NECグループの将来の利益が減少する可能性があります。現在，NECグループは，繰越欠損金および将来減算一時差異により繰延税金資産を計上していますが，これらはいずれも将来の課税所得を減額する効果があります。繰延税金資産は課税所得によってのみ回収されます。市況やその他の環境の悪化により，繰越期間中のNECグループの事業およびタックス・プランニングによる将来の課税所得が予想よりも低いと見込まれる場合には，回収可能と考えられるNECグループの繰延税金資産の額が減額される可能性があります。また，法人税率の引下げ等の租税法令の改正や会計基準の変更がなされた場合においても，NECグループの繰延税金資産の額が減額される可能性があります。かかる減額は，その調整が行われた期間におけるNECグループの利益に悪影響を与えます。

　また，NECグループは，税務申告について様々な国や地域の税務当局により継続的な監査および調査を受けています。NECグループでは，未払法人所得税等

の妥当性を判断するため，これらの監査および調査の結果生じる悪影響の可能性について定期的に評価していますが，これらの監査や調査の結果は，NECグループの事業，業績および財政状態に悪影響を与える可能性があります。

⑥　情報管理

　NECグループは，通常の事業遂行に関連して，個人番号（マイナンバー）や機微情報（センシティブ情報）を含む多数の個人情報や機密情報の収集，保有，使用，移転その他の処理をしています。近年，企業や機関が保有する情報や記録が流出し，または不正なアクセスやサイバー攻撃を受けるといった事件が多発しています。NECグループが保有する顧客または従業員に関する個人情報や機密情報が流出し，または不正なアクセスやサイバー攻撃を受け，それが不正に使用された場合には，NECグループは法的な責任を負い，規制当局による処分を受ける可能性があり，NECグループの評価およびブランド価値が損なわれる可能性があります。とりわけ，近時のサイバー攻撃の高度化や対象となる事業やインフラの規模の拡大および複雑化に伴い，不正アクセス等の脅威や，情報管理に関するシステム等の脆弱性の発見および軽減が適時に行えない可能性があります。さらに，これらの不正なアクセスやサイバー攻撃を受けるリスクは，NECグループの製品，サービスおよびシステムだけではなく，顧客，請負業者，仕入業者，ビジネスパートナーその他の第三者の製品，サービスおよびシステムにも存在します。NECグループの顧客には金融機関や医療機関といった高度な規制業種および防衛関連を含む基礎的な社会インフラに関わる政府・政府系機関が含まれており，NECグループの製品，サービスおよびシステムは，これらの顧客にとって極めて重要な場面で利用されることもあるほか，センシティブなデータを取り扱うこともあります。

　NECグループは，個人情報を日本の個人情報保護法や欧州の「EU一般データ保護規則（GDPR）」等の関係法令に従い取り扱わなければなりません。NECグループが，かかる情報を保護できなかった場合，これにより生じた経済的損失または精神的苦痛に対し，賠償しなければならない可能性や規制当局により多額の制裁金等を科される可能性があります。また，さらなる情報保護対策を実施するために，多額の費用が発生し，または通常業務に支障が生じる可能性があります。さらに，NECグループの製品・サービス・システムを利用している顧客が，かかる

情報を保護できなかった場合には，NEC グループの評価および事業に悪影響を及ぼす可能性があります。

　また，NEC グループは，生体認証技術とAI技術等を活かしたデジタル・ガバメントおよびデジタル・ファイナンスの推進により成長を目指しています。これらの先端技術の進展に伴い，新たな人権問題への対応の必要性が議論されており，かかる人権問題の関心の高まりを受けて，データ保護および個人情報保護に係る規制の範囲も拡大し，かつ，その規制内容は国や地域ごとに異なる複雑なものになっています。今後も生体認証技術やAI技術等の先端技術の利用に関する規制強化に向けた動きが継続する可能性は高く，その規制内容次第では，NEC グループまたは NEC グループがサービスを提供する顧客において，規制当局による調査や制裁を受けるおそれや第三者から訴訟等を提起されるおそれが高まる可能性があるほか，国や地域によっては，これらの先端技術の利用そのものが禁止または著しく制限され，かかる先端技術を利用した事業機会を失う可能性があります。

⑦　**人権の尊重**

　NEC グループが事業を展開する国や地域では，人権や労働安全衛生等に係る課題への企業の対応に関心が高まっており，これらに関する法令および規制も変化しています。また，人種差別や政治不安に起因する人権課題が存在する地域もあり，取引先と協働した取り組みが求められています。NEC グループでは，「AIなどの新技術と人権」，「地政学的情勢や紛争影響をふまえた人権リスク」，「サプライチェーン上の労働」および「従業員の安全と健康」を顕著な人権課題に特定し，取り組みを進めています。しかしながら，NEC グループの事業拠点やサプライチェーンのみならず協業先や顧客等を含む範囲において，これらの課題に適切に対応できなかった場合，行政罰や顧客との取引停止の可能性に加え，地域住民，顧客・消費者，株主・投資家，人権保護団体などの様々なステークホルダーからの批判にさらされることによる NEC グループの評価およびブランド価値の低下など，NEC グループの経営および財務状況に影響を及ぼす可能性があります。

（5） その他のリスク ···

① 自然災害や火災等の災害

　国内外を問わず，NEC グループが事業を展開する国や地域において，地震，台風，気候変動に起因する異常気象（集中豪雨，洪水，干ばつ，水不足等）などの自然災害や火災，致死率の高い強毒性の感染症の世界的な蔓延（パンデミック），戦争，テロリストによる攻撃等が発生した場合，NEC グループ，NEC グループの仕入先および顧客に損害，混乱が生じる可能性があります。例えば，首都直下地震が発生した場合，NEC グループの本社は，甚大な被害を受ける可能性があり，その場合，NEC グループの事業は悪影響を受ける可能性があります。また，これらの災害等が国内外の経済活動の停滞，為替変動・金利変動，政治不安・経済不安，治安および世情の悪化を引き起こし，NEC グループの事業を阻害する可能性があります。

　NEC グループでは事前の減災対策を行うとともに緊急時の復旧手順や行動要領等をまとめた BCP を策定し，訓練・教育も実施していますが，自然災害が発生すると被災地域における電気・ガス・水道・通信・交通などの社会インフラが破壊され，人的被害や製造停止，資材調達困難，物流困難，環境・品質リスクの発生など，事業に多大な影響を与える可能性があります。また，上記「(1) 経済環境や金融市場の動向に関するリスク　④新型コロナウイルス感染症の流行による悪影響」に記載する新型コロナウイルス感染症の流行の深刻化など，人類が免疫を持たない未知の感染症が蔓延すると，人材の確保や労働環境のリスクが高まるほか，感染症蔓延地域における顧客の需要低下，仕入先の操業中断など，事業運営に悪影響を与える可能性があります。

② のれんの減損

　NEC グループは，2018 年に英国のノースゲート・パブリック・サービシズ社（現 NEC ソフトウェア・ソリューションズ・ユーケー社）を，2019 年にデンマークのケーエムディ・ホールディング社を，2020 年にスイスのアバロク・グループ社をそれぞれ買収したことなどにより 2023 年 3 月 31 日時点で 3,556 億円ののれんを計上しており，今後さらに買収を行う場合には追加ののれんを計上する可能性があります。

NECグループの連結財務諸表は国際財務報告基準（IFRS）に準拠して作成しており，のれんを配分した資金生成単位については，減損の兆候の有無にかかわらず1年に1回，また，減損の兆候があると認められた場合には随時，当該資金生成単位の帳簿価額が回収可能価額を超えるか否かを判断するための減損テストを行う必要があります。回収可能価額は，処分費用控除後の公正価値と使用価値のいずれか高い金額に基づいて算出します。また，使用価値は，見積将来キャッシュ・フローを，貨幣の時間的価値および当該資産に固有のリスクを反映した税引前の割引率を用いて現在価値に割り引くことで算定します。減損テストの結果，のれんを含む資金生成単位の帳簿価額が回収可能価額を上回っている場合，減損損失を認識します。減損処理にあたっては，資金生成単位に配分されたのれんの帳簿価額を減額することになり，その結果，NECグループの業績や財政状態に悪影響を及ぼす可能性があります。

③　確定給付制度債務

　NECグループは，一部の子会社を除いて，2020年10月1日以降の積立分について確定給付年金制度から確定拠出年金制度に移行していますが，2020年9月30日以前の積立分については，今後も制度資産を構成する株式その他の資産の時価の変動または運用利回りの低下等によって，確定給付に係る負債が増加し，NECグループの財政状態および業績に悪影響を与える可能性があります。また，確定給付制度債務の見込額を算出する基礎となる割引率等の数理計算上の仮定に変動が生じた場合，NECグループの財政状態および業績に悪影響を与える可能性があります。例えば，将来，割引率が低下した場合や，制度の変更により過去勤務費用が発生した場合には，確定給付制度債務および確定給付費用が増加する可能性があります。

4　経営者による財政状態，経営成績及びキャッシュ・フローの状況の分析

※　当連結会計年度から，セグメントを変更しています。
　　また，前連結会計年度との比較数値については，前連結会計年度の数値を新たなセグメントに組み替えて表示しています。

（1）　経営成績等の状況の概要 ……………………………………………

　当連結会計年度におけるNECグループの財政状態，経営成績およびキャッ

(point) **設備投資等の概要**

　　セグメントごとの設備投資額を公開している。多くの企業にとって設備投資は競争力向上・維持のために必要不可欠だ。企業は売上の数％など一定の水準を設定して毎年設備への投資を行う。半導体などのテクノロジー関連企業は装置産業であり，技術発展がスピードが速いため，常に多額の設備投資を行う宿命にある。

シュ・フロー（以下「経営成績等」という。）の状況の概要は次のとおりです。

① 財政状態および経営成績の状況

　当連結会計年度の経済環境は，欧米を中心としたインフレと金融引き締め政策，中国の新型コロナウイルス感染症拡大に伴う影響により，世界経済は後半にかけて減速しました。日本経済は，資源価格上昇や急速な円安等で物価上昇が続いたものの，新型コロナウイルス感染症抑制に伴う行動制限緩和で国内需要中心に底堅く推移しました。

　このような事業環境のもと，NECグループは，2021年5月に発表した「2025中期経営計画」に基づき，Purpose・戦略・文化の一体的な取り組みを経営方針に掲げて，事業活動を行いました。

　「戦略」においては，「日本を含むグローバルでの事業フォーカス」，「国内IT事業のトランスフォーメーション」および「次の柱となる成長事業の創造」によって成長を目指しています。

　「日本を含むグローバルでの事業フォーカス」では，デジタル・ガバメントおよびデジタル・ファイナンス領域において，ウクライナ情勢の影響などによる世界的な景気後退懸念から顧客がIT投資を控えている状況下で，欧州やアジアの顧客を中心に着実に受注・売上を拡大しました。また，グローバル5G領域においては，国内通信事業者の設備投資が抑制傾向にあるものの，基地局を中心として前期に続き当期も着実に売上を伸ばしました。海外においても商用プロジェクト向けの基地局の出荷を開始し，売上を拡大させました。一方で，市場開拓に伴う費用が増加するなど，収益性については課題を残しました。

　「国内IT事業のトランスフォーメーション」では，DXにかかる領域での堅調な需要を背景としてコンサルティング事業を中心に着実に売上が拡大しました。NECグループが強みを活かせるコアDX領域においては，生体認証・映像分析，AI，セキュリティ技術などを統合した「NECデジタルプラットフォーム」のさらなる強化に取り組みました。また，当社子会社であるアビームコンサルティング（株）と連携して，経営課題解決や社会価値共創を先進的な顧客とともに実現する戦略パートナーシッププログラムを加速しました。さらに米国マイクロソフト社，米国アマゾン・ウェブ・サービシズ社（AWS）および日本オラクル（株）との

(point) **主要な設備の状況**

　「設備投資等の概要」では各セグメントの1年間の設備投資金額のみの掲載だが，ここではより詳細に，現在セグメント別，または各子会社が保有している土地，建物，機械装置の金額が合計でどれくらいなのか知ることができる。

従来からのパートナーシップに加え，2022年9月には米国レッドハット社との協業を拡大し，グローバルパートナーとの共創による顧客の課題解決に取り組みました。また，AWSの認定資格者を3,000名まで倍増するなど，デリバリー体制も強化しました。

　「次の柱となる成長事業の創造」では，ヘルスケア・ライフサイエンス事業において，最先端の AIの活用による個別化治療の開発に取り組みました。また，国際基金「感染症流行対策イノベーション連合（CEPI）」から日本の企業として初めてファンドプロジェクトに採択され，広範なベータコロナウイルス属に対応する次世代ワクチンの開発を開始しました。さらに，2022年4月に塩野義製薬（株）とB型肝炎に対する治療ワクチン創製を目指した共同研究契約を締結しました。農業領域では，環境にやさしく収益性の高い農業の実現を目的として，2022年9月にカゴメ（株）と合弁会社「ディクサス アグリカルチュラル テクノロジー社」を設立しました。また，2023年2月には，脱炭素に向けたESG投資の促進と防災・減災対策を目的とした投資活性化への貢献に向けて慶應義塾と潜在カーボンクレジットの共創を開始するなど，社会価値提供の加速に取り組みました。

　「文化」においては，「2025中期経営計画」に基づく文化と経営基盤の変革を目的として，社内変革プロジェクト「Project RISE」を加速させました。問題解決と組織変革の手法である「Work- Out」を幅広い現場で展開・実践することで社内のビジネス課題を解決するとともに，組織風土の改革を推進しました。また，NECグループで実践した変革手法やノウハウをモデルとして顧客に提供することを前提としたデジタル基盤の構築を進めました。さらに，「Smart Work 2.0」の実践，個人のキャリア形成支援の拡充，キャリア採用や女性従業員比率拡大によるさらなる多様性の推進，ビジネスインフラの整備などにより，働きがいの実感を高める施策を展開しました。

　また，「NEC 2030VISION」で示した未来の社会像の実現に向けて自らその構想を発信し，ステークホルダーとともに新たな価値の創造と社会への実装を目指すソートリーダーシップ活動として，スイスで行われたダボス会議に経営トップであるCEOが登壇したほか，NECグループのシンクタンクである（株）国際社会経済研究所の体制強化，NECグループの注力領域に関するホワイトペーパーの発

行などを行い，未来の共感創りの加速と成長事業の社会実装への貢献を推進しました。

　これらの取り組みに加え，経営幹部と社員との継続的なコミュニケーションを実施したことなどにより，「2025中期経営計画」で指標に掲げたエンゲージメントスコアが，2020年度の25％から36％へと改善しました。

　このような経営環境のもと，当連結会計年度の売上収益は3兆3,130億円（前連結会計年度比9.9％増），営業損益は1,704億円の利益（同379億円増加），調整後営業損益は2,055億円の利益（同345億円増加），税引前損益は1,677億円の利益（同232億円増加），親会社の所有者に帰属する当期損益は1,145億円の利益（同268億円減少），親会社の所有者に帰属する調整後当期損益は1,386億円の利益（同287億円減少）となりました。また，当連結会計年度のフリー・キャッシュ・フロー（「営業活動によるキャッシュ・フロー」と「投資活動によるキャッシュ・フロー」の合計額）は，1,025億円の収入となりました。当連結会計年度末の有利子負債（短期借入金，コマーシャル・ペーパー，1年内返済予定の長期借入金，1年内償還予定の社債，社債，長期借入金およびリース負債を合計したもの）残高は，前連結会計年度末に比べ111億円増加し，6,085億円となり，デット・エクイティ・レシオ（D/Eレシオ，自己資本（「資本合計」から「非支配持分」を控除したもの）に対する有利子負債の割合）は，0.37倍（前連結会計年度末比0.02ポイント改善）となりました。なお，有利子負債残高から現金及び現金同等物の残高を控除した有利子負債残高（NETベース）は，前連結会計年度末に比べ224億円増加の1,890億円となり，デット・エクイティ・レシオ（NETベース）は0.12倍（前連結会計年度末比0.01ポイント悪化）となりました。

② **キャッシュ・フローの状況**

　当連結会計年度の営業活動によるキャッシュ・フローは，1,521億円の収入で，前連結会計年度に比べ46億円増加しました。これは運転資金が減少したものの，税引前利益が増加したことなどによるものです。

　投資活動によるキャッシュ・フローは，496億円の支出で，前連結会計年度に比べ138億円支出額が減少しました。これは株式の取得の減少などによるものです。

(point) **設備の新設，除却等の計画**

　ここでは今後，会社がどの程度の設備投資を計画しているか知ることができる。毎期どれくらいの設備投資を行っているか確認すると，技術等での競争力維持に積極的な姿勢かどうか，どのセグメントを重要視しているか分かる。また景気が悪化したときは設備投資額を減らす傾向にある。

この結果，営業活動によるキャッシュ・フローと投資活動によるキャッシュ・フローを合算したフリー・キャッシュ・フローは1,025億円の収入となり，前連結会計年度に比べ184億円増加しました。

　財務活動によるキャッシュ・フローは，社債の発行による収入などがあったものの，リース負債の返済や社債の償還による支出などにより，1,228億円の支出となりました。

　上記の結果，現金及び現金同等物は，4,195億円となり，前連結会計年度末に比べ113億円減少しました。

③　生産，受注および販売の実績

　NECグループの生産・販売品目は広範囲かつ多種多様であり，同種の製品であっても，その容量，構造，形式等は必ずしも一様ではなく，また受注生産形態をとらない製品も多いため，セグメントごとに生産規模，受注規模を金額あるいは数量で示すことはしていません。

　このため，生産，受注および販売の状況については，「(2) 経営者の視点による経営成績等の状況に関する分析・検討内容」におけるセグメントの業績に関連づけて示しています。

　なお，外部顧客への売上収益のうち，連結損益計算書の売上収益の10%以上を占める相手先がないため，主要な販売先に関する記載を省略しています。

(2)　経営者の視点による経営成績等の状況に関する分析・検討内容 …………

　経営者の視点によるNECグループの経営成績等の状況に関する認識および分析・検討内容は次のとおりです。

　なお，文中の将来に関する事項は，当連結会計年度末現在において，NECグループが判断したものです。連結財務諸表の作成には，期末日における資産，負債，偶発資産および偶発債務ならびに会計期間における収益および費用に影響を与えるような見積りや仮定を必要とします。結果として，このような見積りと実績が異なる場合があります。

①　当社の概要（主な事業内容）および経営成績に重要な影響を与える要因

　NECグループの売上は，5つの主要なセグメントである社会公共事業，社会基

株式の総数等

　発行可能株式総数とは，会社が発行することができる株式の総数のことを指す。役員会では，株主総会の了承を得ないで，必要に応じてその株数まで，株を発行することができる。敵対的TOBでは，経営陣が，自社をサポートしてくれる側に，新株を第三者割り当てで発行して，買収を防止することがある。

盤事業，エンタープライズ事業，ネットワークサービス事業およびグローバル事業から生じます。

　各セグメントの製品およびサービス等の概要は，「第一部　企業情報　第1企業の概況　3　事業の内容」に記載のとおりです。

　NECグループの各セグメントの業績は，景気動向およびIT投資の動向や通信事業者の投資動向等に左右されます。

　経営成績に重要な影響を与えるその他の要因につきましては，「第一部　企業情報　第2　事業の状況　3　事業等のリスク」に記載のとおりです。

② **重要な会計方針および見積り**

　経営陣は，次の重要な会計方針の適用における見積りや仮定が連結財務諸表に重要な影響を与えると考えています。

　重要な会計方針および見積りにつきましては，「第一部　企業情報　第5　経理の状況　1　連結財務諸表等　(1)　連結財務諸表　連結財務諸表注記　3.重要な会計方針」と「第一部　企業情報　第5　経理の状況　1　連結財務諸表等　(1)　連結財務諸表　連結財務諸表注記　4.重要な会計上の見積り及び見積りを伴う判断」に記載のとおりです。

③ **当連結会計年度の経営成績の分析**

　当連結会計年度の売上収益は，3兆3,130億円と前連結会計年度に比べ2,989億円（9.9%）増加しました。これは，すべてのセグメントで増収となったことによるものです。

　収益面につきましては，営業損益は，前連結会計年度に比べ379億円増加し，1,704億円の利益となりました。これは，ネットワークサービス事業が減少したものの，グローバル事業やエンタープライズ事業などが増加したことによるものです。また，調整後営業損益は，前期に比べ345億円増加し，2,055億円の利益となりました。

　税引前損益は，営業損益が増加したことなどにより，前連結会計年度に比べ232億円増加し，1,677億円の利益となりました。

　親会社の所有者に帰属する当期損益は，法人所得税費用が増加したことなどにより，前連結会計年度に比べ268億円減少し，1,145億円の利益となりました。

(point) **連結財務諸表等**

　ここでは主に財務諸表の作成方法についての説明が書かれている。企業は大蔵省が定めた規則に従って財務諸表を作るよう義務付けられている。また金融商品法に従い，作成した財務諸表がどの監査法人によって監査を受けているかも明記されている。

また，親会社の所有者に帰属する調整後当期損益は，前連結会計年度に比べ287億円減少し，1,386億円の利益となりました。

セグメント別実績については次のとおりです。なお，各セグメント別の売上収益については，外部顧客に対する売上収益を記載しています。

a. 社会公共事業

売上収益	4,567億円	（前連結会計年度比	3.2%増）
調整後営業損益	427億円	（　　同	67億円増加）

社会公共事業の売上収益は，地域産業向けや公共向けが増加したことなどにより，前連結会計年度に比べ141億円（3.2%）増加し，4,567億円となりました。

調整後営業損益は，売上の増加に加え，費用の最適化などにより，前連結会計年度に比べ67億円増加し，427億円の利益となりました。

b. 社会基盤事業

売上収益	6,497億円	（前連結会計年度比	6.8%増）
調整後営業損益	673億円	（　　同	81億円増加）

社会基盤事業の売上収益は，航空宇宙・防衛向けが増加したことなどにより，前連結会計年度に比べ412億円（6.8%）増加し，6,497億円となりました。

調整後営業損益は，売上の増加に加え，不採算案件の抑制などにより，前連結会計年度に比べ81億円増加し，673億円の利益となりました。

c. エンタープライズ事業

売上収益	6,144億円	（前連結会計年度比	6.9%増）
調整後営業損益	734億円	（　　同	159億円増加）

エンタープライズ事業の売上収益は，金融業向け，製造業向け，流通・サービス業向けがいずれも増加したことなどにより，前連結会計年度に比べ397億円（6.9%）増加し，6,144億円となりました。

調整後営業損益は，売上の増加に加え，システム構築領域の収益性向上などにより，前連結会計年度に比べ159億円増加し，734億円の利益となりました。

d. ネットワークサービス事業

売上収益	5,434億円	（前連結会計年度比	6.2%増）
調整後営業損益	241億円	（　　同	113億円減少）

(point) 連結財務諸表

ここでは貸借対照表（またはバランスシート，BS），損益計算書（PL），キャッシュフロー計算書の詳細を調べることができる。あまり会計に詳しくない場合は，最低限，損益計算書の売上と営業利益を見ておけばよい。可能ならば，その数字が過去5年，10年の間にどのように変化しているか調べると会社への理解が深まるだろう。

ネットワークサービス事業の売上収益は，通信事業者の設備投資が低調に推移したものの，固定ネットワーク領域で増加したことに加え，特許のライセンス収入があったことなどにより，前連結会計年度に比べ319億円（6.2%）増加し，5,434億円となりました。

　調整後営業損益は，海外5Gの一過性の費用計上や投資費用の増加などにより，前連結会計年度に比べ113億円減少し，241億円の利益となりました。

e.　グローバル事業

　売上収益　　　　　5,863億円（前連結会計年度比　　　　20.8%増）
　調整後営業損益　　　429億円（　　　同　　　　　166億円増加）

　グローバル事業の売上収益は，サービスプロバイダ向けソフトウェア・サービス，デジタル・ガバメントおよびデジタル・ファイナンス，海洋システムが増加したことなどにより，前連結会計年度に比べ1,008億円（20.8%）増加し，5,863億円となりました。

　調整後営業損益は，サービスプロバイダ向けソフトウェア・サービス領域などの収益性向上に加え，事業ポートフォリオ見直しなどにより，前連結会計年度に比べ166億円増加し，429億円の利益となりました。

f.　その他

　売上収益　　　　　4,626億円（前連結会計年度比　　　　18.2%増）
　調整後営業損益　　　147億円（　　　同　　　　　14億円増加）

　その他の売上収益は，前連結会計年度に比べ713億円（18.2%）増加し，4,626億円となりました。

　調整後営業損益は，前連結会計年度に比べ14億円増加し，147億円の利益となりました。

　財政状態につきましては，当連結会計期間末の総資産は3兆9,841億円と，前連結会計年度末に比べ2,223億円増加しました。流動資産は，営業債権及びその他の債権や契約資産が増加したことなどにより，前連結会計年度末に比べ1,592億円増加し，1兆9,959億円となりました。非流動資産は，有形固定資産の増加や為替変動などによるのれんおよび無形資産の増加などにより，前連結会

計年度末に比べ631億円増加し，1兆9,881億円となりました。

　負債は，2兆713億円と前連結会計年度末に比べ962億円増加しました。これは，営業債務及びその他の債務や契約負債などが増加したことなどによるものです。有利子負債残高は，前連結会計年度末に比べ111億円増加の6,085億円となり，デット・エクイティ・レシオは0.37倍（前連結会計年度末比0.02ポイント改善）となりました。また，有利子負債残高から現金及び現金同等物の残高を控除した有利子負債残高（NETベース）は，前連結会計年度末に比べ224億円増加の1,890億円となり，デット・エクイティ・レシオ（NETベース）は，0.12倍（前連結会計年度末比0.01ポイント悪化）となりました。

　資本は，自己株式の取得や配当金の支払があったものの，親会社の所有者に帰属する当期利益の計上に加え，為替変動に伴う在外営業活動体の換算差額の増加や，確定給付制度の再測定の増加など，その他の資本の構成要素が増加したことなどにより，前連結会計年度末に比べ1,261億円増加し，1兆9,127億円となりました。

　この結果，親会社の所有者に帰属する持分は1兆6,238億円となり，親会社所有者帰属持分比率は40.8%（前連結会計年度末比0.5ポイント改善）となりました。

④　流動性と資金の源泉

　NECグループは，手許流動性，すなわち，現金及び現金同等物と複数の金融機関との間で締結したコミットメントライン契約の未使用額との合計額を今後の事業活動のための適切な水準に維持することを財務活動の重要な方針としています。当連結会計年度末は，現金及び現金同等物4,195億円，コミットメントライン未使用枠2,460億円，合計6,655億円の手許流動性を確保し，必要な流動性水準を維持しました。なお，現金及び現金同等物は主に円貨であり，その他は米ドルやユーロなどの外国通貨です。

　また，NECグループは，短期・長期の資金需要を満たすのに十分な調達の枠を維持しています。まず短期資金調達では，その多くを国内コマーシャル・ペーパーの機動的な発行で賄っており，5,000億円の発行枠を維持しています。さらに，不測の短期資金需要の発生やコマーシャル・ペーパーによる調達が不安定になっ

た場合の備えとして，コミットメントライン枠計2,480億円を維持し，常時金融機関からの借入れが可能な体制を敷いています。一方，長期資金調達では，国内普通社債の発行枠3,000億円を維持しています。

負債構成の考え方に関しては，必要資金の安定的な確保の観点から，十分な長期資金の確保，およびバランスのとれた直接・間接調達比率の維持を当面の基本方針としており，その状況を示すと次のとおりです。

	前連結会計年度末	当連結会計年度末
長期資金調達比率　*1	60.5%	70.8%
直接調達比率　*2	35.1%	38.5%

＊1　長期資金調達比率は，社債，長期借入金およびその他（1年超のリース債務）の合計を有利子負債で除して計算したものです。

＊2　直接調達比率は，社債（1年以内償還予定を含む）およびコマーシャル・ペーパーの合計を有利子負債で除して計算したものです。

当連結会計年度末の長期資金調達比率は70.8%，直接調達比率は38.5%となりました。

(3)　キャッシュ・フローの状況について

キャッシュ・フローの状況につきましては，「第一部　企業情報　第2　事業の状況　4　経営者による財政状態，経営成績及びキャッシュ・フローの状況の分析　(1) 経営成績等の状況の概要」に記載のとおりです。

(4)　経営戦略と今後の方針について

経営戦略と今後の方針につきましては，「第一部　企業情報　第2　事業の状況　1　経営方針，経営環境及び対処すべき課題等」に記載のとおりです。

(5)　新型コロナウイルス感染症の影響

新型コロナウイルス感染症について，大きな売上の減少等はなく当連結会計年度の連結財務諸表に与える影響は軽微と判断しています。

なお，事業等のリスクにつきましては，「第一部　企業情報　第2　事業の状況　3　事業等のリスク」に記載のとおりです。

設備の状況

1 設備投資等の概要

当社および連結子会社の当連結会計年度の設備投資（金額には消費税等を含まない。）の内訳は，次のとおりです。

セグメントの名称	当連結会計年度	前連結会計年度比
社会公共事業	532百万円	47.3% 減
社会基盤事業	25,742百万円	6.9% 増
エンタープライズ事業	444百万円	52.1% 減
ネットワークサービス事業	4,989百万円	15.4% 増
グローバル事業	10,188百万円	21.3% 増
その他	25,713百万円	24.8% 増
合計	67,608百万円	13.9% 増

社会公共事業では，スマートインフラなどの開発設備および生産設備への投資等を行いました。

社会基盤事業では，日本航空電子工業（株）の生産設備ならびに防衛システムおよび衛星システムなどの開発設備および生産設備への投資等を行いました。

エンタープライズ事業では，サービスおよびシステム開発関連設備への投資等を行いました。

ネットワークサービス事業では，ネットワークインフラ関連設備への投資等を行いました。

グローバル事業では，海底ケーブルの生産設備およびサービス事業関連設備への投資等を行いました。

その他事業では，ソフトウェア製品開発設備およびクラウドサービス関連設備への投資等を行いました。

また，所要資金については主に自己資金および借入金を充当しています。

NECグループにおける主要な設備は，次のとおりです。

（1） 提出会社 ···

2023年3月31日現在

事業場名 （所在地）	セグメントの 名称	設備の 内容	区分	土地	建物	機械及び 装置	その他	合計	従業員数 （人）
玉川事業場 （神奈川県 川崎市 中原区）	社会公共事業 社会基盤事業 ネットワーク サービス事業 グローバル事業 その他	通信機器生 産および研 究開発設備	簿価 （百万円）	785	67,714	543	20,893	89,935	6,113
			面積 （㎡）	165,578 (166)					
府中事業場 （東京都 府中市）	社会基盤事業 その他	コンピュー タおよび通 信機器生産 設備	簿価 （百万円）	608	18,997	5,286	8,721	33,612	1,907
			面積 （㎡）	219,726 (—)					
相模原事業場 （神奈川県 相模原市 中央区）	その他	コンピュー タおよび通 信機器関連 設備	簿価 （百万円）	—	7,988	60	473	8,521	40
			面積 （㎡）	— (138,877)					
我孫子事業場 （千葉県 我孫子市）	ネットワーク サービス事業 その他	通信機器生 産設備	簿価 （百万円）	6,534	2,495	1,006	1,969	12,004	247
			面積 （㎡）	295,382 (4,920)					
本社、支社 支店、営業所 （東京都 港区等）	社会公共事業 社会基盤事業 エンタープライズ 事業 ネットワーク サービス事業 グローバル事業 その他	その他設備	簿価 （百万円）	24,293	37,771	237	16,076	78,377	13,729
			面積 （㎡）	598,879 (36,137)					

（注） 1　括弧内数字は借用中のもので外数を示しています。

　　　 2　「その他」欄は構築物，車両運搬具，工具，器具及び備品です。

　　　 3　上表には貸与中の土地131,046㎡，建物306,914㎡を含んでおり，主要な貸与先はルネサスセミコン
　　　　 ダクタマニュファクチュアリング（株）および当社の関係会社等です。

2023年3月31日現在

会社名	事業所名 （所在地）	セグメント の名称	設備の 内容	帳簿価額（百万円）					従業 員数 （人）
				建物及び 構築物	機械及び装置、 工具、器具 及び備品	土地 （面積㎡）	その他	合計	
日本航空電子工業㈱	東京都 渋谷区等	社会基盤 事業	コネクタ量産 のための生産 設備	4,995	12,794	1,011 (74,251)	8,280	27,083	1,734
弘前航空電子㈱	青森県 弘前市	〃	コネクタ量産 のための生産 設備	6,816	1,443	1,956 (140,105)	29	10,247	765
山形航空電子㈱	山形県 新庄市	〃	コネクタ量産 のための生産 設備	2,952	1,155	494 (81,824)	3,165	7,770	392
NECファシリ ティーズ㈱	東京都 港区等	エンター プライズ 事業	土地、建物 および環境設 備	1,545	163	4,337 (46,633)	1	6,046	1,706
NECネッツエ スアイ㈱	東京都 港区等	ネットワ ークサー ビス事業	アウトソーシ ング事業等実 施のための設 備	5,298	3,902	1,345 (28,698)	540	11,085	5,180
㈱オーシーシー	福岡県 北九州市 若松区等	グローバ ル事業	通信機器 および部品の 生産設備	755	2,257	4,671 (296,349)	1,117	8,800	291
NECプラット フォームズ㈱	神奈川県 川崎市 高津区等	その他	情報通信シス テム機器の生 産設備	9,640	5,342	9,788 (622,848)	7,140	31,910	6,999
NECフィール ディング㈱	東京都 港区等	〃	保守サービス 事業等実施の ための設備	1,583	1,562	550 (45,147)	608	4,303	4,505

（3）　在外子会社

2023年3月31日現在

会社名	事業所名（所在地）	セグメントの名称	設備の内容	帳簿価額（百万円）					従業員数（人）
				建物及び構築物	機械及び装置、工具、器具及び備品	土地（面積㎡）	その他	合計	
ＪＡＥフィリピン社	Cavite, Philippines	社会基盤事業	コネクタ量産のための生産設備	3,674	3,186	148（75,054）	169	7,179	4,506
ＪＡＥオレゴン社	Oregon, U.S.A.	〃	コネクタ量産のための生産設備	928	3,407	242（161,874）	227	4,808	194
航空電子（無錫）有限公司	無錫、中国	〃	コネクタ量産のための生産設備	1,278	2,949	（36,215）	33	4,262	575
コメット・ホールディング社 *1（同社に連結している子会社15社を含む）	Amsterdam, Netherlands等	グローバル事業	SIサービス提供用設備	12,781	5,782	—（—）	—	18,563	2,518
ソレイユ社 *2（同社に連結している子会社13社を含む）	Ballerup, Denmark等	〃	SIサービス提供用設備	11,555	588	44（6,192）	128	12,315	2,278
ネットクラッカー・テクノロジー社（同社に連結している子会社32社を含む）	Waltham, Massachusetts, U.S.A.等	〃	SIサービス提供用設備	5,577	4,504	—（—）	—	10,081	10,627
ＮＥＣオーストラリア社（同社に連結している子会社2社を含む）	Melbourne, Australia	〃	SIサービス提供用設備	1,937	751	—（—）	278	2,966	1,143
ＮＥＣコーポレーション・オブ・アメリカ社（同社に連結している子会社4社を含む）	Irving, Texas, U.S.A.等	*3	通信機器、指紋システム等の営業用設備	2,424	1,965	817（87,674）	1,747	6,953	728

＊1：　コメット・ホールディング社は，当社がアバロク・グループ社の事業を獲得するため，同社の親会社であるダブリュービー・エービィ・シーエイチ・ホールディングス・ワン社を買収することを目的としてオランダに設立した特別目的会社です。

＊2　　ソレイユ社は，当社がケーエムディ社の事業を獲得するため，同社の親会社であるケーエムディ・ホールディング社を買収することを目的としてデンマークに設立した特別目的会社です。

＊3　　エンタープライズ事業およびグローバル事業に属しています。

3 設備の新設，除却等の計画

　当連結会計年度後1年間の設備投資計画金額は，90,000百万円であり，セグメントごとの内訳は，次のとおりです。

セグメントの名称	2023年3月末 計画金額(百万円)	設備等の主な内容・目的	資金調達方法
社会公共事業	1,000	スマートインフラなどの開発設備および生産設備の拡充	自己資金および借入金
社会基盤事業	26,000	日本航空電子工業㈱の生産設備ならびに防衛システムおよび衛星システムなどの開発設備および生産設備の拡充	自己資金および借入金
エンタープライズ事業	1,000	サービスおよびシステム開発関連設備の拡充	自己資金および借入金
ネットワークサービス事業	6,000	ネットワークインフラ関連設備の拡充	自己資金および借入金
グローバル事業	10,000	海底ケーブルの生産設備およびサービス事業関連設備の拡充	自己資金および借入金
その他	46,000	データセンタおよびクラウドサービス関連設備の拡充	自己資金および借入金
合計	90,000	—	—

(注) 1　金額には消費税等を含みません。
　　　2　経常的な設備更新のための除却・売却を除き，重要な除却・売却の計画はありません。

提出会社の状況

1 株式等の状況

(1) 株式の総数等

① 株式の総数

種類	発行可能株式総数（株）
普通株式	750,000,000
計	750,000,000

② 発行済株式

種類	事業年度末現在発行数（株） （2023年3月31日）	提出日現在発行数（株） （2023年6月22日）	上場金融商品取引所名 又は登録認可金融商品 取引業協会名	内容
普通株式	272,849,863	272,849,863	東京証券取引所 プライム市場	単元株式数は100株
計	272,849,863	272,849,863	―	―

■ 経理の状況

1　連結財務諸表および財務諸表の作成方法について ·····················

(1)　当社の連結財務諸表は，「連結財務諸表の用語，様式及び作成方法に関する規則」（1976年大蔵省令第28号）第1条の2に掲げる「指定国際会計基準特定会社」の要件を満たすことから，同第93条の規定により，国際財務報告基準（以下「IFRS」という。）に準拠して作成しています。

(2)　当社の財務諸表は，「財務諸表等の用語，様式及び作成方法に関する規則」（1963年大蔵省令第59号。以下「財務諸表等規則」という。）に基づいて作成しています。

　　また，当社は，特例財務諸表提出会社に該当し，財務諸表等規則第127条の規定により財務諸表を作成しています。

2　監査証明について ···

　　当社は，金融商品取引法第193条の2第1項の規定に基づき，連結会計年度（2022年4月1日から2023年3月31日まで）に係る連結財務諸表および事業年度（2022年4月1日から2023年3月31日まで）に係る財務諸表について，有限責任 あずさ監査法人による監査を受けています。

3　連結財務諸表等の適正性を確保するための特段の取組み及びIFRSに基づいて連結財務諸表等を適正に作成することができる体制の整備について ·········

(1)　当社は，連結財務諸表等の適正性を確保するための特段の取組みを行っています。具体的には，会計基準等の内容を適切に把握し，または会計基準等の変更等について的確に対応することができる体制を整備するため，公益財団法人財務会計基準機構へ加入し，最新の会計基準等の情報を得ています。また，企業会計基準委員会の行うセミナーや，講演会等に参加しています。

(2)　IFRSの適用については，国際会計基準審議会が公表するプレスリリースや基準書を随時入手し，最新の基準の把握を行っています。また，IFRSに基づく適正な連結財務諸表を作成するために，IFRSに準拠したグループ会計方針等を作成し，それらに基づいて会計処理を行っています。

（1）　連結財務諸表 ‥‥‥‥‥‥‥‥‥‥‥‥‥‥‥‥‥‥‥‥‥‥‥‥‥‥‥

①　連結財政状態計算書

（単位：百万円）

	注記	前連結会計年度 （2022年3月31日）	当連結会計年度 （2023年3月31日）
資産			
流動資産			
現金及び現金同等物	15	430,778	419,462
営業債権及びその他の債権	14	722,334	799,875
契約資産	24	285,890	335,852
棚卸資産	13	246,244	267,576
その他の金融資産	29	17,554	15,776
その他の流動資産	16	133,890	157,362
流動資産合計		1,836,690	1,995,903
非流動資産			
有形固定資産（純額）	7,9	540,257	563,384
のれん	8,9	335,978	355,572
無形資産（純額）	8,9	374,703	378,250
持分法で会計処理されている投資	11	76,470	80,425
その他の金融資産	29	236,544	207,731
繰延税金資産	12	153,313	159,930
その他の非流動資産	9,16	207,778	242,855
非流動資産合計		1,925,043	1,988,147
資産合計		3,761,733	3,984,050

	注記	前連結会計年度 （2022年3月31日）	当連結会計年度 （2023年3月31日）
負債及び資本			
負債			
流動負債			
営業債務及びその他の債務	22	446,788	497,625
契約負債	24	266,158	287,859
社債及び借入金	19	186,774	130,867
未払費用		232,257	240,870
リース負債	29	49,462	47,056
その他の金融負債	29	21,397	21,950
未払法人所得税等		17,403	20,951
引当金	21	62,077	57,574
その他の流動負債	23	51,667	60,757
流動負債合計		1,333,983	1,365,509
非流動負債			
社債及び借入金	19	257,899	320,794
リース負債	29	103,241	109,764
その他の金融負債	29	26,937	20,428
退職給付に係る負債	20	179,599	179,106
引当金	21	18,910	20,470
その他の非流動負債	23	54,522	55,255
非流動負債合計		641,108	705,817
負債合計		1,975,091	2,071,326
資本			
資本金	17	427,831	427,831
資本剰余金	17	169,090	165,034
利益剰余金	17	678,653	764,604
自己株式	17	△1,906	△31,588
その他の資本の構成要素	17	239,835	297,936
親会社の所有者に帰属する持分合計		1,513,503	1,623,817
非支配持分	10	273,139	288,907
資本合計		1,786,642	1,912,724
負債及び資本合計		3,761,733	3,984,050

② 連結損益計算書及び連結包括利益計算書

連結損益計算書

（単位：百万円）

	注記	前連結会計年度 （自　2021年4月　1日 至　2022年3月31日）	当連結会計年度 （自　2022年4月　1日 至　2023年3月31日）
売上収益	6, 24	3,014,095	3,313,018
売上原価	13, 26	2,127,682	2,354,770
売上総利益		886,413	958,248
販売費及び一般管理費	26	762,970	793,700
その他の損益（△は損失）	25	9,082	5,899
営業利益	6	132,525	170,447
金融収益	6, 27	17,894	10,899
金融費用	6, 27	11,367	17,624
持分法による投資利益	6, 11	5,384	3,949
税引前利益		144,436	167,671
法人所得税費用	12	△12,267	36,155
当期利益		156,703	131,516
当期利益の帰属			
親会社の所有者		141,277	114,500
非支配持分		15,426	17,016
当期利益		156,703	131,516
親会社の所有者に帰属する1株当たり当期利益			
基本的1株当たり当期利益（円）	28	518.54	424.51
希薄化後1株当たり当期利益（円）	28	518.54	424.50

連結包括利益計算書

（単位：百万円）

	注記	前連結会計年度 （自 2021年4月 1日 至 2022年3月31日）	当連結会計年度 （自 2022年4月 1日 至 2023年3月31日）
当期利益		156,703	131,516
その他の包括利益（税引後）			
純損益に振り替えられることのない項目			
その他の包括利益を通じて公正価値で測定する 　　資本性金融商品	17	15,607	△10,747
確定給付制度の再測定	17,20	27,193	23,123
持分法によるその他の包括利益	17	31	△43
純損益に振り替えられることのない項目合計		42,831	12,333
純損益に振り替えられる可能性のある項目			
在外営業活動体の換算差額	17	59,081	52,009
キャッシュ・フロー・ヘッジ	17	△1,660	119
持分法によるその他の包括利益	17	1,161	809
純損益に振り替えられる可能性のある項目合計		58,582	52,937
税引後その他の包括利益		101,413	65,270
当期包括利益		258,116	196,786
当期包括利益の帰属			
親会社の所有者		232,839	172,601
非支配持分		25,277	24,185
当期包括利益		258,116	196,786

③ 連結持分変動計算書

前連結会計年度（自 2021年4月1日 至 2022年3月31日）

（単位：百万円）

	注記	親会社の所有者に帰属する持分						非支配持分	資本合計
		資本金	資本剰余金	利益剰余金	自己株式	その他の資本の構成要素	合計		
2021年4月1日残高		427,831	168,965	564,660	△1,578	148,273	1,308,151	253,675	1,561,826
当期利益		－	－	141,277	－	－	141,277	15,426	156,703
その他の包括利益	17	－	－	－	－	91,562	91,562	9,851	101,413
包括利益		－	－	141,277	－	91,562	232,839	25,277	258,116
自己株式の取得	17	－	－	－	△570	－	△570	－	△570
自己株式の処分	17	－	1	－	242	－	243	－	243
配当金	18	－	－	△27,284	－	－	△27,284	△6,097	△33,381
子会社に対する所有者持分の変動	10	－	124	－	－	－	124	284	408
所有者との取引額合計		－	125	△27,284	△328	－	△27,487	△5,813	△33,300
2022年3月31日残高		427,831	169,090	678,653	△1,906	239,835	1,513,503	273,139	1,786,642

当連結会計年度（自 2022年4月1日 至 2023年3月31日）

（単位：百万円）

	注記	親会社の所有者に帰属する持分						非支配持分	資本合計
		資本金	資本剰余金	利益剰余金	自己株式	その他の資本の構成要素	合計		
2022年4月1日残高		427,831	169,090	678,653	△1,906	239,835	1,513,503	273,139	1,786,642
当期利益		－	－	114,500	－	－	114,500	17,016	131,516
その他の包括利益	17	－	－	－	－	58,101	58,101	7,169	65,270
包括利益		－	－	114,500	－	58,101	172,601	24,185	196,786
自己株式の取得	17	－	－	－	△30,547	－	△30,547	－	△30,547
自己株式の処分	17	－	1	－	865	－	866	－	866
配当金	18	－	－	△28,549	－	－	△28,549	△8,739	△37,288
子会社に対する所有者持分の変動	10	－	△4,057	－	－	－	△4,057	322	△3,735
所有者との取引額合計		－	△4,056	△28,549	△29,682	－	△62,287	△8,417	△70,704
2023年3月31日残高		427,831	165,034	764,604	△31,588	297,936	1,623,817	288,907	1,912,724

④　連結キャッシュ・フロー計算書

（単位：百万円）

	注記	前連結会計年度 （自　2021年4月 1日 至　2022年3月31日）	当連結会計年度 （自　2022年4月 1日 至　2023年3月31日）
営業活動によるキャッシュ・フロー			
税引前利益		144,436	167,671
減価償却費及び償却費	6	180,539	183,298
減損損失	6,9	985	6,857
引当金の増減額（△は減少）		3,420	△8,173
金融収益	27	△17,894	△10,899
金融費用	27	11,367	17,624
持分法による投資損益（△は益）		△5,384	△3,949
営業債権及びその他の債権の増減額（△は増加）		25,469	△77,305
契約資産の増減額（△は増加）		5,946	△46,278
棚卸資産の増減額（△は増加）		△58,848	△23,428
営業債務及びその他の債務の増減額（△は減少）		△27,434	41,114
契約負債の増減額（△は減少）		△1,775	16,522
その他（純額）		△58,824	△72,837
小計		190,111	190,217
利息の受取額		1,917	3,038
配当金の受取額		3,959	3,697
利息の支払額		△8,508	△7,418
法人所得税の支払額		△39,962	△37,407
営業活動によるキャッシュ・フロー		147,517	152,127
投資活動によるキャッシュ・フロー			
有形固定資産の取得による支出		△56,949	△56,391
有形固定資産の売却による収入		15,373	12,387
無形資産の取得による支出		△14,157	△21,323
その他の包括利益を通じて公正価値で測定する 　資本性金融商品の取得による支出		△11,679	△2,094
その他の包括利益を通じて公正価値で測定する 　資本性金融商品の売却による収入		18,443	19,182
子会社の取得による支出		△12,214	△6,935
子会社の売却による収入		5,078	9,679
子会社の売却による支出		△92	－
関連会社または共同支配企業に対する投資の 　取得による支出		△137	△198
関連会社または共同支配企業に対する投資の 　売却による収入		2,197	1,951
その他（純額）		△9,240	△5,849
投資活動によるキャッシュ・フロー		△63,377	△49,591

	注記	前連結会計年度 （自 2021年4月 1日 至 2022年3月31日）	当連結会計年度 （自 2022年4月 1日 至 2023年3月31日）
財務活動によるキャッシュ・フロー			
短期借入金の純増減額（△は減少）	19	38,696	△39,978
長期借入れによる収入	19	382	40,000
長期借入金の返済による支出	19	△137,650	△49,550
社債の発行による収入	19	—	110,000
社債の償還による支出	19	—	△55,000
リース負債の返済による支出	30	△57,283	△60,879
配当金の支払額	18	△27,259	△28,522
非支配持分への配当金の支払額		△6,093	△8,733
自己株式の処分による収入		243	865
自己株式の取得による支出		△570	△30,547
その他（純額）		△82	△442
財務活動によるキャッシュ・フロー		△189,616	△122,786
現金及び現金同等物に係る為替変動による影響		12,909	8,934
現金及び現金同等物の増減額（△は減少）		△92,567	△11,316
現金及び現金同等物の期首残高		523,345	430,778
現金及び現金同等物の期末残高	15	430,778	419,462

【連結財務諸表注記】

1．報告企業

　日本電気株式会社（以下「当社」または「NEC」という。）は日本国に所在する企業です。

　当社およびその連結子会社（以下総称して「当社グループ」という。）の事業は，「社会公共事業」，「社会基盤事業」，「エンタープライズ事業」，「ネットワークサービス事業」，および「グローバル事業」の5つの事業であり，各事業を報告セグメントとしています。これらの事業の詳細については，連結財務諸表注記「6．事業セグメント」に記載しています。当社グループの主な事業拠点は，主に日本および連結財務諸表注記「10．連結子会社」に記載されているその他の国々にあります。

2．作成の基礎

（1）　国際財務報告基準への準拠

　当社の連結財務諸表は，「連結財務諸表の用語，様式及び作成方法に関する規

---

point **財務諸表**

　この項目では，連結ではなく単体の貸借対照表と，損益計算書の内訳を確認することができる。連結＝単体＋子会社なので，会社によっては単体の業績を調べて連結全体の業績予想のヒントにする場合があるが，あまりその必要性がある企業は多くない。

則（1976年大蔵省令第28号）第1条の2」に掲げる「指定国際会計基準特定会社」
の要件を満たすことから，同第93条の規定により，国際会計基準審議会が設定
した国際財務報告基準（以下「IFRS」という。）に準拠して作成しています。「IFRS」
という用語には，国際会計基準（以下「IAS」という。），解釈指針委員会および
IFRS解釈指針委員会の関連する解釈も含まれます。

（2）　財務諸表の承認 ···

　当連結財務諸表は，2023年6月22日において取締役代表執行役社長兼CEO
森田 隆之および取締役代表執行役 Corporate EVP 兼 CFO 藤川 修により公表が
承認されました。

（3）　測定の基礎 ···

　連結財務諸表は，連結財務諸表注記「3．重要な会計方針」に別途記載されて
いる特定の資産および負債を除き，取得原価を基礎として作成されています。

（4）　機能通貨および表示通貨 ···

　連結財務諸表は，当社の機能通貨である日本円で表示しています。特に注釈が
ない限り，日本円で表示しているすべての財務情報は，百万円未満を四捨五入し
ています。

3．重要な会計方針 ···

　以下に記載している会計方針は，別途記載がない限り，当連結財務諸表に記載
しているすべての期間について継続的に適用されており，当社グループによって
首尾一貫して適用されます。

（1）　連結の基礎 ···

①　子会社

　当社の連結財務諸表は，当社およびその子会社の財務諸表に基づき作成します。
当社グループ内のすべての重要な債権債務残高および取引は連結財務諸表の作成
に際して消去します。

　子会社とは，直接的または間接的に当社により支配されている企業をいいます。
当社グループは，企業への関与により生じる変動リターンに対するエクスポー
ジャーまたは権利を有し，かつ，当該企業に対するパワー（関連性のある活動を

指図する現在の能力）によりそのリターンに影響を及ぼす能力を有する場合に，企業を支配していると判断します。当社グループが企業を支配しているかの判断には，議決権または類似の権利の状況，契約上の取り決め，およびその他の関連する要因が考慮されます。

　子会社の財務諸表は，当該子会社に対する支配を獲得した日から支配を喪失した日まで，連結財務諸表に含めます。子会社の財務諸表は，当社が適用する会計方針と整合させるため，必要に応じて調整します。

　支配の喪失を伴わない子会社に対する持分変動があった場合には，資本取引として会計処理しており，非支配持分の調整額と対価の公正価値との差額は，当社の所有者に帰属する持分として資本に直接認識します。

　子会社に対する支配を喪失した場合，支配の喪失後に保持している持分は，支配の喪失日の公正価値で再測定され，当該再測定および売却した持分の処分に伴う利得または損失は，純損益で認識します。

② **関連会社および共同支配の取決めに対する投資**

　関連会社とは，当社グループがその財務および経営方針に対して重要な影響力を有しているものの，共同支配または支配していない企業をいいます。

　共同支配の取決めとは，複数の当事者が共同支配を有する取決めをいいます。共同支配とは，取決めに対する契約上合意された支配の共有であり，関連性のある活動に対する意思決定が，支配を共有している当事者の全員一致合意を必要とする場合にのみ存在します。当社グループは，共同支配の取決めを共同支配事業と共同支配企業のいずれかに分類します。共同支配の取決めの分類を共同支配事業とするのか共同支配企業とするのかは，当該取決めの当事者の権利および義務に応じて決定します。共同支配企業は，取決めに対する共同支配を有する当事者が当該取決めの純資産に対する権利を有している共同支配の取決めです。共同支配事業とは，取決めに対する共同支配を有する当事者が当該取決めに関する資産に対する権利および負債に対する義務を有している共同支配の取決めです。なお，当社グループにとって重要な共同支配事業はありません。

　関連会社および共同支配企業に対する投資は，持分法を用いて会計処理し，取得原価で認識します。当初認識後，関連会社および共同支配企業の純損益および

その他の包括利益に対する当社グループの持分は，帳簿価額を増額または減額することで認識します。

持分法の適用に際して，関連会社および共同支配企業の財務諸表は，当社の適用する会計方針と整合させるため，必要に応じて調整します。

関連会社および共同支配企業に対する投資に関する減損は，投資の回収可能価額を帳簿価額と比較することにより測定します。減損損失は，純損益で認識しており，回収可能価額の算定に用いた見積りの変更により回収可能価額が増加する場合は，戻し入れます。

③　企業結合

企業結合は，取得法を用いて会計処理します。

子会社の取得に伴い移転した対価は，当社グループが移転した資産，当社グループに発生した被取得企業の旧所有者に対する負債および当社グループが発行した資本持分の公正価値で測定されます。

特定の取得に対する対価には，マイルストーンや販売目標の達成など，将来の事象に左右される支払いが含まれます。

当社グループは，取得した識別可能な資産ならびに引き受けた負債および特定の偶発負債を，取得日の公正価値で測定します。当社グループは，非支配持分を公正価値，または当社で認識した識別可能純資産に対する非支配持分の比例割合で測定するかについて，個々の企業結合取引ごとに選択しています。

当社はのれんを，譲渡対価の公正価値，被取得企業のすべての非支配持分の金額，および当社グループが従来保有していた被取得企業の資本持分の公正価値の合計から，取得日時点における識別可能な取得資産および引受負債の公正価値を控除した額として測定します。

仲介手数料，弁護士等の専門家報酬等，企業結合に関連して当社グループに発生する取得関連費用は，発生した期間に費用処理します。

(2)　外貨換算 ……………………………………………………………………………

①　外貨建取引

外貨建取引は，取引日の為替レートを使用して当社グループ各社の機能通貨に

換算します。外貨建の貨幣性資産および負債は，報告期間の末日の為替レートで機能通貨に換算します。取得原価で測定されている外貨建非貨幣性項目は，取引日の為替レートで機能通貨に換算します。公正価値で測定されている外貨建非貨幣性項目は，当該公正価値の算定日における為替レートで機能通貨に換算します。貨幣性項目の決済または換算によって生じた為替差額は，純損益で認識します。ただし，その他の包括利益を通じて公正価値で測定する金融資産およびヘッジが有効な範囲内におけるキャッシュ・フロー・ヘッジのヘッジ手段から生じる換算差額は，その他の包括利益で認識します。

② **在外営業活動体**

在外営業活動体の資産および負債は，報告期間の末日の為替レートにより円貨に換算し，収益および費用は為替レートが著しく変動している場合を除き期中平均レートにより円貨に換算します。表示通貨への換算から生じる為替換算差額はその他の包括利益で認識します。在外営業活動体を処分する場合には，この在外営業活動体に関連する為替換算差額の累積金額を処分にかかる利得または損失の一部として純損益に振り替えます。

(3) 金融商品 ···

① **非デリバティブ金融資産**

当社グループは，非デリバティブ金融資産を，償却原価で測定する金融資産，その他の包括利益を通じて公正価値で測定する資本性金融商品，純損益を通じて公正価値で測定する金融資産の各区分に分類します。当社グループは，原則として，ベンチャーキャピタル等への投資を除き，その他の包括利益を通じて公正価値で測定する金融商品に指定するという取消不能な選択を行っています。

当社グループは，償却原価で測定する金融資産をそれらの発生日に当初認識します。その他のすべての金融資産は，金融商品の契約の当事者となった時においてのみ，金融資産を連結財政状態計算書に認識します。

当社グループは，金融資産について，当該金融資産からのキャッシュ・フローに対する契約上の権利が消滅した場合，または，当該金融資産の譲渡において，当該金融資産からのキャッシュ・フローを受け取る権利を移転し，かつ所有にか

かるリスクと経済価値の実質的にすべてを移転した場合に，認識を中止します。金融資産の認識の中止を行ったものの金融資産に対する支配の保持をもたらさない持分を引き続き保有しているものについては，別個に資産または負債として認識します。

　当社グループが保有する金融資産のうち，次の条件がともに満たされる場合には，償却原価で測定する金融資産に分類します。

・契約上のキャッシュ・フローを回収するために金融資産を保有することを目的とする事業モデルの中で保有されている。

・金融資産の契約条件により，元本および元本残高に対する利息の支払いのみであるキャッシュ・フローが所定の日に生じる。

　償却原価で測定する金融資産は，当初認識時，公正価値に直接取引費用を加算して測定します。なお，重大な金融要素を含まない営業債権については取引価格によって測定します。当初認識後，償却原価で測定する金融資産の帳簿価額については実効金利法による償却原価から減損損失を控除した金額で測定します。実効金利法による償却および認識が中止された場合の利得または損失は，当期の純損益に認識します。

　当社グループは，原則として，ベンチャーキャピタル等への投資を除き，公正価値の事後の変動をその他の包括利益に表示するという選択を行っています。その他の包括利益を通じて公正価値で測定する資本性金融商品は，当初認識時，公正価値に直接取引費用を加算して測定し，当初認識後は公正価値で測定します。

　公正価値の変動はその他の包括利益に含めて認識し，純損益に振り替えることはありません。また，当社グループは，その他の包括利益に累積された金額をその後利益剰余金に振り替えることはありません。なお，その他の包括利益を通じて公正価値で測定する資本性金融商品からの配当金については，配当金が明らかに投資原価の一部の回収である場合を除き，金融収益として純損益に認識します。

　上記の償却原価で測定する金融資産およびその他の包括利益を通じて公正価値で測定する資本性金融商品以外の金融資産は，純損益を通じて公正価値で測定する金融資産に分類します。

　純損益を通じて公正価値で測定する金融資産は，当初認識後も公正価値で測定

し，その変動は純損益で認識します。また，純損益を通じて公正価値で測定する金融資産にかかる利得または損失は，純損益に認識します。

② 金融資産の減損

当社グループは，償却原価で測定する金融資産にかかる減損について，各報告日において，測定する金融資産にかかる信用リスクが当初認識以降に著しく増大しているかを評価することにより，当該金融資産にかかる予想信用損失に対して貸倒引当金を認識します。当初認識以降に当該金融資産にかかる信用リスクが著しく増大していない場合には，報告期間の末日後12ヵ月以内に生じ得る債務不履行事象から生じる予想信用損失（12ヵ月の予想信用損失）に基づき貸倒引当金を測定します。一方，当初認識以降に当該金融資産にかかる信用リスクが著しく増大している場合または金融資産が信用減損している場合，予想信用損失にかかる引当金は，当該金融資産の予想存続期間にわたるすべての生じ得る債務不履行事象から生じる予想信用損失（全期間の予想信用損失）に基づいて計算されます。ただし，売上債権などの営業債権および契約資産については常に全期間の予想信用損失に等しい金額で貸倒引当金を測定します。

信用リスクが著しく増大しているか否かは，債務不履行発生のリスクの変動に基づき判断し，債務不履行発生のリスクに変動があるかの判断にあたっては，深刻な財政困難，契約違反，債務者が破産または他の財務上の再編を行う可能性の増加を考慮します。貸倒引当金繰入額および戻入額は，純損益で認識します。

③ 非デリバティブ金融負債

当社グループは，非デリバティブ金融負債を，償却原価で測定する金融負債に分類します。また，負債証券はその発行日に当初認識します。その他のすべての金融負債は，その金融商品の契約の当事者となった日に当初認識します。当社グループは，契約上の義務が免責，取消しまたは失効となった時に，認識を中止します。

償却原価で測定する金融負債は，当初認識時に公正価値からその発行に直接起因する取引コストを減算して測定しており，当初認識後は，実効金利法に基づく償却原価で測定します。利息発生額は連結損益計算書の金融費用に含めています。

④　デリバティブ金融商品

　当社グループは，為替リスクおよび金利リスクをヘッジする目的で，為替予約，金利スワップ，通貨オプション等のデリバティブを利用します。デリバティブは公正価値で当初認識し，その後も公正価値で再測定されます。ヘッジ手段として指定されたデリバティブは，開始時にキャッシュ・フロー・ヘッジ，公正価値ヘッジまたは純投資ヘッジに分類されます。ヘッジ手段として指定されないデリバティブについて，公正価値の変動は，純損益で認識します。ヘッジ手段として指定されたデリバティブについては，当社グループは，ヘッジの開始時に，ヘッジ手段とヘッジ対象との関係，リスク管理目的，ならびにヘッジ取引およびヘッジされたリスクにかかる戦略を文書化します。当社グループはまた，ヘッジ開始時および継続的に，ヘッジ手段が特定のヘッジ対象の公正価値またはキャッシュ・フローの変動を相殺するために非常に有効であるかについての評価を実施します。公正価値ヘッジまたは純投資ヘッジのヘッジ手段として指定されたデリバティブは現在当社グループに存在しません。

⑤　キャッシュ・フロー・ヘッジ

　デリバティブの公正価値の変動のうち，有効部分はその他の包括利益で認識され，非有効部分は，直ちに純損益で認識されます。その他の資本の構成要素に累積された金額は，ヘッジ対象のキャッシュ・フローが純損益に影響を与えるのと同じ期に，純損益に振り替えられます。ヘッジ手段が失効，売却，終結または行使された場合，ヘッジ会計の要件をもはや満たしていない場合，予定取引の発生がもはや見込まれない場合または指定を取り消した場合は，キャッシュ・フロー・ヘッジによるヘッジ会計を将来に向かって中止します。なお, 国際会計基準 (IAS) 第39号のヘッジ会計を継続して適用するオプションを選択しています。

(4)　現金及び現金同等物

　現金及び現金同等物は，手許現金，随時引出し可能な預金，および容易に換金可能であり，かつ価値の変動について僅少なリスクしか負わない取得日から3ヵ月以内に償還期限の到来する流動性の高い短期投資から構成されます。

---

(5) 有形固定資産 ....

　有形固定資産は，取得原価から減価償却累計額および減損損失累計額を控除した額で測定します。取得原価には資産の取得に直接関連する費用，解体・除去費用および土地の原状回復費用，ならびに資産計上すべき借入コストが含まれます。有形固定資産の重要な構成要素の耐用年数が構成要素ごとに異なる場合，それぞれ別個（主要構成要素）の有形固定資産項目として会計処理します。有形固定資産の処分損益は，純損益で認識します。

　土地および建設仮勘定など減価償却を行わない資産を除き，資産は，資産の見積耐用年数にわたり，主に定額法により認識します。残存価額は，耐用年数到来時の売却価格（処分費用控除後）を見積ることができるものを除き，ゼロとします。

　主な有形固定資産の種類別の見積耐用年数は以下のとおりです。

建物及び構築物　　　　　7〜60年
機械及び装置　　　　　　2〜22年
工具，器具及び備品　　　2〜20年

　減価償却方法，耐用年数および残存価額は，各報告期間の末日に見直しを行い，必要に応じて変更します。

(6) のれん ....

　子会社の取得により認識されるのれんは，個別に識別されない他の資産とともに発生する将来の経済的便益を表す資産です。のれんは償却を行わず，少なくとも年に１回およびのれんが配分された資金生成単位について減損の兆候がある場合にはその都度，減損テストを行います。当社グループは，移転された対価，被取得企業のすべての非支配持分の金額，および従来保有していた被取得企業の資本持分の取得日公正価値の総額が，取得した識別可能な資産および引き受けた負債の正味の金額を超過する額としてのれんを当初測定します。当該金額の総計が被取得企業の識別可能資産および引受負債の正味の金額を下回る場合，その差額は割安購入益として純損益で認識します。

(7) 無形資産 ··

　市場販売目的のソフトウェアおよび自社利用目的のソフトウェアの開発費用は，以下のすべてを立証できる場合に限り，無形資産として資産計上します。

- ・使用または売却できるように無形資産を完成させることの技術上の実行可能性
- ・無形資産を完成させ，さらにそれを使用または売却するという企業の意図
- ・無形資産を使用または売却する能力
- ・無形資産が可能性の高い将来の経済的便益を創出する方法
- ・無形資産の開発を完成させ，さらにそれを使用または売却するために必要となる，適切な技術上，財務上およびその他の資源の利用可能性
- ・開発期間中に無形資産に起因する支出を，信頼性をもって測定できる能力

　特許権やライセンス等のその他の無形資産は，取得時に取得価額で認識します。企業結合により取得し，のれんとは区分して認識した資産化された開発費等の無形資産は取得日の公正価値で計上します。

　無形資産で耐用年数が確定できるものについては，当該資産が使用可能な状態になった日から見積耐用年数にわたり，主として定額法により償却します。無形資産の償却費は，売上原価ならびに販売費及び一般管理費に含まれます。顧客関連資産は，見積耐用年数にわたり，定額法により償却します。市場販売目的のソフトウェアは，見込有効期間における見込販売数量に基づいて償却しますが，当該償却方法が将来の経済的便益が消費されるパターンを反映しない場合には，残存耐用年数にわたり定額法により償却します。自社利用目的のソフトウェアは，見込利用可能期間にわたり，定額法により償却します。特許権やライセンス等のその他の無形資産についても，当該資産が使用可能な状態になった日から契約期間等の見積耐用年数にわたり，将来の経済的便益が消費されるパターンを反映する方法によって償却します。

　主な無形資産の種類別の見積耐用年数は以下のとおりです。

市場販売目的ソフトウェア	1〜9年
自社利用目的ソフトウェア	3〜5年
顧客関連資産	3〜19年

企業結合により取得し資産化された開発費　　3～17年
　　その他　　　　　　　　　　　　　　　　　2～13年
　　耐用年数を確定できる無形資産の償却方法，耐用年数および残存価額は，各報
告期間の末日に見直しを行い，必要に応じて変更します。

(8)　リース ……………………………………………………………………………

　　当社グループは，契約時に，その契約がリースであるか，またはその契約にリー
スが含まれているかを判定します。契約が特定された資産の使用を支配する権利
を一定期間にわたり対価と交換に移転する場合には，その契約はリースまたはリー
スを含んでいます。また，当社グループは，リース期間が12ヵ月以内の短期リー
スおよび原資産が少額であるリースについて，使用権資産およびリース負債を認
識しないことを選択しています。これらのリースに関して，当社グループは，リー
ス料をリース期間にわたり定額法により費用として認識します。

借手のリース

　　当社グループは，リースの開始日において，原資産を使用する権利を表す使用
権資産およびリース料の支払義務を表すリース負債を認識します。

　　リース負債は，開始日に支払われていないリース料の現在価値で測定します。
そのリース料は，リースの計算利子率が容易に算定できる場合には，計算利子率
を用いて割り引きますが，計算利子率が容易に算定できない場合には，借手の追
加借入利子率を用いて割り引きます。

　　リース負債の測定に含められるリース料は，次の額で構成されます。

・固定リース料（実質上の固定リース料を含む）
・変動リース料のうち，指数またはレートに応じて決まる金額（当初測定には
　開始日現在の指数またはレートを使用）
・残価保証に基づいて当社グループが支払うと見込まれる金額
・購入オプションおよび延長オプションを当社グループが行使することが合理
　的に確実である場合の，当該オプションの行使価格
・リースの解約に対するペナルティの支払額（当社グループが解約オプション
　を行使しないことが合理的に確実である場合を除く）

リース負債は，実効金利法に基づく償却原価で事後測定し，指数またはレートの変動，残価保証に基づく当社グループの見積支払額，または当社グループが購入オプション，延長オプションまたは解約オプションを行使するかの判定の変更により，将来のリース料の変動が発生した場合に再測定されます。

使用権資産は，リース負債の当初測定額に，開始日以前に支払ったリース料等を調整した額で当初測定し，開始日から原資産の耐用年数の終了時またはリース期間の終了時のいずれか短い期間にわたり定額法により減価償却します。原資産の見積耐用年数はその有形固定資産の見積耐用年数と整合するよう決定されます。また，開始日後は，使用権資産は，取得原価から減価償却累計額および減損損失累計額を控除し，リース負債の再測定について調整した額で測定されます。使用権資産は，連結財政状態計算書において，「有形固定資産」に含めて表示されています。

(9) 棚卸資産

棚卸資産の評価額は，取得原価と正味実現可能価額のいずれか低い金額で測定します。棚卸資産の測定において，代替性がある場合には先入先出法または総平均法により測定し，代替性がない場合には個別法により測定します。

取得原価には，棚卸資産の取得にかかる費用，製造費および加工費，ならびに当該棚卸資産を現在の場所および状態とするまでに要したその他の費用が含まれます。製造棚卸資産および仕掛品については，正常操業度に基づく製造間接費の適切な配賦額を含めます。正味実現可能価額は，通常の事業の過程における見積売価から，完成までに要する見積原価および販売に要する見積販売費用を控除した額です。

(10) 非金融資産の減損

当社グループは，各報告期間の末日現在，棚卸資産，繰延税金資産，売却目的で保有する資産，従業員給付から生じる資産，契約資産，および顧客との契約獲得のためのコストから生じる資産を除く非金融資産の帳簿価額が減損している可能性を示す兆候の有無を判定します。当該判定は，資産または資金生成単位に

ついて行われます。資金生成単位は，他の資産または資産グループのキャッシュ・インフローから，概ね独立したキャッシュ・インフローを生み出す最小の資産グループです。減損損失は純損益で認識し，帳簿価額はその回収可能価額まで減額します。回収可能価額は，資産が他の資産または資産グループから，概ね独立したキャッシュ・インフローを生成しない場合を除き，個別の資産または資金生成単位ごとに決定します。当社グループの全社資産は独立したキャッシュ・インフローを生み出さないため，全社資産に減損の兆候がある場合，全社資産が帰属する資金生成単位について回収可能価額を算定します。全社資産は，のれん以外の資産で，検討の対象である資金生成単位と他の資金生成単位の双方のキャッシュ・インフローに寄与する資産をいい，間接部門で保有する土地や建物が含まれます。

　回収可能価額は，資産または資金生成単位の処分費用控除後の公正価値と使用価値のいずれか高い金額とします。使用価値とは，資産または資金生成単位から生じると見込まれる将来キャッシュ・フローの現在価値です。使用価値の算定において，見積将来キャッシュ・フローは，その資金生成単位が属する国，産業の状況を勘案して決定した成長率に基づき作成し，貨幣の時間的価値および当該資産または資金生成単位に固有のリスクを反映した税引前の割引率を用いて現在価値に割り引きます。

　のれんおよび耐用年数を確定できない無形資産は，毎年同時期に，のれんおよび耐用年数を確定できない無形資産が配分された資金生成単位のレベルで回収可能価額の見積りを行います。上記の他，減損の兆候がある場合にはその都度，減損テストを行います。

　過年度において，のれん以外の資産について認識した減損損失は，認識した減損損失がもはや存在しないかまたは減少している可能性を示す兆候があり，かつ，減損損失を最後に認識してから，当該資産の回収可能性の算定に用いた見積りに変更があった場合にのみ，減損損失を戻し入れます。減損損失の戻し入れは，減損損失を認識しなかった場合の帳簿価額から必要な減価償却費または償却費を控除した後の帳簿価額を超えない金額を上限とします。なお，のれんについては減損損失の戻し入れを行いません。

（11） 売却目的で保有する資産

　非流動資産または処分グループの帳簿価額が，継続的使用よりも主として売却取引により回収が見込まれる場合には，売却目的で保有する資産または処分グループに分類します。分類の条件は，現状で直ちに売却することが可能であり，かつ売却の可能性が非常に高い場合にのみ満たされます。当社グループが子会社に対する支配の喪失を伴う売却計画を確約する場合で，かつ上記の条件を満たす場合，当社グループが売却後も従前の子会社に対する非支配持分を有するか否かにかかわらず，当該子会社のすべての資産および負債を，売却目的保有に分類します。売却目的保有に分類された非流動資産または処分グループは，その帳簿価額と売却費用控除後の公正価値のいずれか低い金額で測定します。売却目的保有に分類された有形固定資産や無形資産について，減価償却または償却は行いません。

（12） 従業員給付

① 確定給付型制度

　当社グループの確定給付型制度には，確定給付型年金制度および退職一時金制度が含まれます。確定給付型制度にかかる負債または資産の純額は，確定給付制度債務の現在価値から，制度資産の公正価値を控除します。当社グループは確定給付制度債務を，制度ごとに区別して，従業員が過去年度および当年度において提供した勤務の対価として獲得した将来給付額を見積り，当該金額を現在価値に割り引くことによって算定します。割引率は，上記債務と概ね同じ満期日を有するもので，かつ，支払見込給付と同じ通貨建ての，報告期間の末日における優良社債の利回りによります。当社グループでは，各確定給付制度債務について，確定給付制度債務の現在価値，勤務費用および過去勤務費用の決定に，予測単位積増方式を用いています。制度改訂または縮小により生じる過去勤務費用は，制度改訂または縮小の発生時に純損益として認識します。確定給付制度の再測定はその純額を一括してその他の包括利益で認識し，その後利益剰余金への振替は行いません。

② 確定拠出型年金制度

　確定拠出型年金制度は，当社グループが一定額の掛金を別個の事業体（基金）に拠出し，その拠出額以上の支払いについて法的または推定的債務を負わない退職後給付制度です。確定拠出型年金制度の拠出債務は，従業員が勤務を提供した期間に，従業員給付費用として純損益で認識します。

（13）　引当金

　引当金は，当社グループが過去の事象の結果として現在の債務（法的または推定的）を有しており，当該債務を決済するために経済的便益を有する資源の流出が生じる可能性が高く，当該債務の金額について信頼できる見積りが可能である場合に認識します。

（14）　売上収益

　当社グループは，下記の5ステップアプローチにより収益を認識します。（IFRS第9号「金融商品」に基づく利息および配当収益等ならびにIFRS第16号「リース」に基づく受取リース料を除く。）

　ステップ1：顧客との契約を識別する

　ステップ2：契約における履行義務を識別する

　ステップ3：取引価格を算定する

　ステップ4：取引価格を契約における履行義務に配分する

　ステップ5：履行義務の充足時に（または充足するにつれて）収益を認識する

顧客との契約における別個の履行義務の特定

　当社グループは，ハードウェアおよびパッケージソフトウェアの提供に関する契約，ならびに役務の提供およびシステム・インテグレーション／工事に関わる顧客との契約から収益を認識します。これらの契約から当社グループは別個の約束された財またはサービス（履行義務等）を特定し，それらの履行義務に対応して収益を配分します。

　当社グループは，約束された財またはサービスが別個のものである場合，すなわち，財またはサービスを顧客に移転するという約束が契約の中の他の約束と区

分して識別可能であり，かつ，顧客がその財またはサービスからの便益をそれ単独でまたは顧客にとって容易に利用可能な他の資源と組み合わせて得ることができる場合，区分して会計処理します。

取引価格の算定

　当社グループは，取引価格を算定するにあたり，変動対価，変動対価の見積りの制限，契約における重大な金融要素の存在，現金以外の対価および顧客に支払われる対価からの影響を考慮します。

　当社グループは，変動対価として，主に販売促進活動の一環で販売代理店等の顧客に対して提供される販売奨励金等を認識しています。顧客から受け取る対価が事後的に変動する可能性がある場合には，変動対価を見積り，その不確実性が解消される際に認識した収益の累計額に重大な戻入れが生じない可能性が非常に高い範囲で，売上収益に含めて処理しています。販売奨励金は，販売店別・製品別の過去の販売実績を考慮の上，期待値法に基づき見積ります。

　契約が金融要素を含んでいるか，および金融要素が契約にとって重大であるかを評価する際には約束した対価の金額と約束した財またはサービスの現金販売価格との差額，約束した財またはサービスを顧客に移転する時点と，顧客が当該財またはサービスに対して支払いを行う時点との間の予想される期間の長さ，関連性のある市場での実勢金利を考慮し判断します。

取引価格の履行義務への配分

　当社グループは，約束した財またはサービスを顧客に移転するのと交換に権利を得ると見込んでいる対価の金額を描写する金額で取引価格をそれぞれの履行義務へ配分します。取引価格をそれぞれの履行義務に独立販売価格の比率で配分するため，契約におけるそれぞれの履行義務の基礎となる別個の財またはサービスの契約開始時の独立販売価格を算定し，取引価格を当該独立販売価格に比例して配分します。独立販売価格が直接的に観察可能ではない場合には独立販売価格を見積ります。ハードウェアおよびパッケージソフトウェアの提供に関する顧客との契約については，主に市場価格調整アプローチに基づき独立販売価格を見積っています。役務の提供およびシステム・インテグレーション／工事に関わる顧客との契約については，主に予想コストにマージンを加算するアプローチに基

づき独立販売価格を見積っています。

履行義務の充足

　当社グループは，約束した財またはサービスを顧客に移転することによって履行義務を充足した時に，または一定期間にわたり履行義務を充足するにつれて，収益を認識します。財またはサービスに対する支配を一定の期間にわたり移転し履行義務を充足する場合とは，当社グループの履行によって提供される便益を，履行するにつれて同時に受け取って消費する，履行が資産を創出するかまたは増価させ，顧客が当該資産の創出または増価につれてそれを支配する，または，履行が他に転用できる資産を創出せず，かつ，当社グループが現在までに完了した履行に対する支払いを受ける強制可能な権利を有している場合であり，収益を一定期間にわたり認識します。上記以外の場合には，資産に対する支配が顧客に移転したと判断した一時点で収益を認識します。

製品・サービスの種類ごとの履行義務および収益の測定方法
ハードウェアおよびパッケージソフトウェアの提供に関する契約

　ハードウェアおよびパッケージソフトウェアの提供に関する主な内容は，ハードウェア（サーバ，メインフレーム，スーパーコンピュータ，ストレージ，企業向けパソコン，POS，ATM，制御機器，無線LANルータ），ソフトウェア（統合運用管理，アプリケーションサーバ，セキュリティ，データベース），企業ネットワーク（IPテレフォニーシステム，WAN・無線アクセス装置，LAN製品），ネットワークインフラ（コアネットワーク，携帯電話基地局，光伝送システム，ルータ・スイッチ，ワイヤレスバックホール）等です。

　当社グループは，支配が顧客に移転したと判断した時点で収益を認識します。支配が顧客へ移転した時点を決定するにあたり，(a) 資産に対する支払いを受ける権利を有している，(b) 顧客が資産に対する法的所有権を有している，(c) 資産の物理的占有を移転した，(d) 顧客が資産の所有に伴う重大なリスクと経済価値を有している，(e) 顧客が資産を検収しているか否かを考慮します。一般的に，支配の顧客への移転の時期は顧客の検収に対応しています。サーバ，ネットワークプロダクトなど，据付等の重要なサービスを要するハードウェアの販売による売上収益は，原則として，顧客の検収時に認識します。パソコン，電子デバイス

製品などの標準的なハードウェアの販売による売上収益は，原則として，当該ハードウェアに対する支配が顧客に移転する引渡時に認識します。

　役務の提供に関する契約（保守およびアウトソーシングを含む）／システム・インテグレーション／工事に関する契約役務の提供およびシステム・インテグレーション／工事の主な内容はシステム・インテグレーション（システム構築，コンサルティング），デジタル・ガバメント，デジタル・ファイナンス，サービスプロバイダ向けソフトウェア・サービス（Operation Support System（OSS）／Business Support System（BSS）），サービス＆マネジメント（OSS/BSS，サービスソリューション），ネットワークインフラ（海洋システム），アウトソーシング・クラウドサービス，サポート（保守）等です。

　上記サービスの提供は，通常，（a）当社グループの履行によって提供される便益をその履行につれて顧客が同時に受け取って消費する，（b）当社グループの履行が資産を創出するかまたは増価させその創出または増価につれて顧客が当該資産を支配する，または，（c）当社グループの履行が他に転用できる資産を創出せず，当社グループが現在までに完了した履行に対する支払いを受ける強制可能な権利を有している場合のいずれかに該当するため，一定の期間にわたり充足される履行義務です。サービスの提供の売上収益は，履行義務の完全な充足に向けた進捗度を合理的に測定できる場合は進捗度の測定に基づいて，進捗度を合理的に測定できない場合は履行義務の結果を合理的に測定できるようになるまで発生したコストの範囲で，認識します。

　一括請負などの成果物の引渡し義務を負うサービス契約は，原則としてプロジェクト見積総原価に対する連結会計期間末までの発生原価の割合で進捗度を測定する方法に基づいて売上収益を認識します。ただし，契約開始時に当社が履行する義務に関してマイルストーンが定められている場合は，当該マイルストーンの達成に基づいて売上収益を認識します。

　継続して役務の提供を行うサービス契約は，サービスが提供される期間に対する提供済期間の割合で進捗度を測定する方法に基づいて売上収益を認識します。単位あたりで課金するアウトソーシング・サービスは，サービスの提供が完了し，請求可能となった時点で売上収益を認識します。時間単位で課金されるサービス

は，サービス契約期間にわたり売上収益を認識します。メンテナンスは原則としてサービスが履行される期間にわたり売上収益を認識しますが，時間単位で課金する契約については実績金額をもとに売上収益を認識します。

なお，契約当初に見積った売上収益，進捗度または発生原価に変更が生じた場合は，見積りの変更による累積的影響を，当該変更が明らかとなり見積り可能となった連結会計期間に純損益で認識します。

複合取引

複合取引とは，ハードウェア販売とその付帯サービス，あるいはソフトウェア販売とその後のサポートサービスなどのように複数の財またはサービスが一つの契約に含まれるものです。顧客に約束している財またはサービスは，顧客がその財またはサービスからの便益をそれ単独でまたは顧客にとって容易に利用可能な他の資源と組み合わせて得ることができる（すなわち，当該財またはサービスが別個のものとなり得る）場合，かつ，財またはサービスを顧客に移転するという企業の約束が契約の中の他の約束と区分して識別可能である（すなわち，当該財またはサービスが契約の観点において別個のものである）場合には，別個の履行義務として識別します。取引価格は前述のとおり，関連する独立販売価格に基づいて各履行義務に配分します。

進捗度の測定方法

当社グループは，収益を一定期間にわたり認識する場合，約束した財またはサービスに対する支配を顧客に移転する際の履行を描写するため進捗度を測定します。前述のとおり進捗度を合理的に測定できる場合にのみ，一定の期間にわたり充足される履行義務についての収益を認識します。また，進捗度を合理的に測定できない場合についても，前述のとおり，発生したコストの範囲でのみ収益を認識します。

製品保証

当社グループは，製品販売後または受託開発プログラム引渡後，契約に基づき一定期間無償で修理・交換を行っており，製品保証引当金については売上高等に対する過去の実績率や追加原価の発生可能性を個別検証した結果を基礎として見積額を認識します。顧客に対して，個別に，または当該瑕疵担保に加えて追加で

製品保証を提供する場合には，当該製品保証を別個の履行義務として特定し，取引価格を配分のうえ，製品保証期間にわたり収益を計上します。

契約資産および契約負債

　契約資産は企業が顧客に移転した財またはサービスと交換に受け取る対価に対する企業の権利（当該権利が，時の経過以外の何か（例えば，企業の将来の履行）を条件としている場合）であり，契約負債は顧客に財またはサービスを移転する企業の義務のうち，企業が顧客から対価を受け取っている（または対価の金額の期限が到来している）ものです。工事契約から生じる前受金については，契約負債に計上します。

契約コスト

　顧客との契約獲得のための増分コスト及び契約に直接関連する履行コストのうち，回収可能であると見込まれる部分について資産として認識します。償却方法は，当該資産に関連する財またはサービスの顧客への移転と整合的で規則的な基礎で償却します。

（15）　法人所得税 ··

　法人所得税は，当期税金と繰延税金から構成されます。これらは，直接資本の部またはその他の包括利益で認識される項目を除き，純損益で認識します。

①　当期税金

　当期税金は，報告期間の末日において施行または実質的に施行されている税率および税法を使用した，当年度の課税所得について納付すべき税額，または税務上の欠損金について還付されると見込まれる税額です。

②　繰延税金

　繰延税金資産および負債は，会計上の資産および負債の帳簿価額と税務上の金額との一時差異および報告期間の末日時点における税務上の繰越欠損金に基づいて算定されています。

　なお，次にかかる一時差異に対しては繰延税金資産または負債を認識しません。

・企業結合以外の取引で，会計上の利益と課税所得のどちらにも影響を与えない資産および負債の当初認識である場合

・子会社，関連会社および共同支配に対する投資にかかる一時差異について，予測可能な将来にその差異が解消されない可能性が高い場合

・のれんの当初認識により将来加算一時差異が生じる場合

　繰延税金資産および負債は，報告期間の末日に施行または実質的に施行されている法律に基づいて，一時差異が解消される時に適用されると予測される税率を用いて測定します。

　繰延税金資産および負債は，当期税金資産と負債を相殺する法律上強制力のある権利が存在し，かつ法人所得税が同一の税務当局によって同一の納税企業体に課されている場合に，相殺します。

　繰延税金資産は，税務上の繰越欠損金および将来減算一時差異に対して利用できる課税所得が発生すると見込まれる範囲内で認識します。

　また，繰延税金資産の一部または全部の便益を実現させるのに十分な課税所得を稼得する可能性が高くなくなった場合に，繰延税金資産を減額します。

（16）　株主資本

①　普通株式

　普通株式は，資本として分類します。普通株式の発行に直接関連する増分費用は，資本の控除項目として認識します。

②　自己株式

　自己株式は，取得原価で認識され，資本から控除します。当社グループがその後自己株式を売却した場合は，帳簿価額と売却時の対価の差額を資本剰余金として認識します。また，自己株式の取得・売却に直接関連して追加的に発生する費用は，資本からの控除として認識します。

4.　重要な会計上の見積り及び見積りを伴う判断

　IFRSに準拠した連結財務諸表の作成において，経営陣は，会計方針の適用ならびに資産，負債，収益および費用の報告額に影響を及ぼす判断，見積りおよび仮定の設定を行うことが要求されます。これらの見積りおよび仮定は実績と異なる場合があります。

見積りおよび基礎となる仮定は，経営陣によって継続して見直されます。会計上の見積りの変更は，見積りが変更された報告期間および影響を受ける将来の報告期間において認識されます。

　当社グループは，現時点において合理的に入手可能な情報に基づき，会計上の見積りおよび見積りを伴う判断に対する重要な不確実性の影響を評価しました。当連結会計年度末日時点において，会計上の見積りおよび見積りを伴う判断が特に重要であった領域は，繰延税金資産の回収可能性です。その基礎となる将来の業績予測は，DX（デジタルトランスフォーメーション）のようなIT基盤にかかる投資の拡大を含む国内市場の需要予測を考慮した将来の収益性や部材の供給不足の影響等，外部要因を主要な仮定として織り込んでいます。なお，当連結会計年度末日時点および当連結会計年度の連結財務諸表において重要な影響はないものの，追加情報が入手可能になるにつれ，将来の報告年度における実績が見積りと著しく乖離する可能性があります。

　会計方針を適用する過程において行われた，連結財務諸表で報告される金額に重要な影響を与える見積りおよび判断に関する情報ならびに連結財務諸表で報告される金額に重要な影響を与える会計上の見積りおよび仮定に関する情報は，次のとおりです。

　（1）金融商品の公正価値（連結財務諸表注記29）

　（2）非金融資産の減損テストにおける回収可能価額（連結財務諸表注記9）

　（3）退職後給付の数理計算上の仮定（連結財務諸表注記20）

　（4）引当金の認識および測定（連結財務諸表注記21）

　（5）収益認識（連結財務諸表注記3　（14）売上収益）

　（6）繰延税金資産の回収可能性（連結財務諸表注記12）

　（7）リースの識別およびリース期間の決定（連結財務諸表注記30）

5. 未適用の新たな基準書及び解釈指針

　連結財務諸表の承認日までに公表されている主な基準書および解釈指針の新設または改訂のうち，当社グループが適用していないものは，次のとおりです。

基準書	基準名	改訂の内容	強制適用時期 (以降開始年度)	当社適用時期
IAS第12号	法人所得税	単一の取引から生じた 資産および負債に係る 繰延税金の会計処理の明確化	2023年1月1日	2024年3月期

　当社グループは，改訂IAS第12号「法人所得税」（以下，「改訂IAS第12号」という。）を2024年3月期より適用します。この改訂により，繰延税金の当初認識の除外規定の適用範囲が変更となり，取引時に同額の将来加算一時差異および将来減算一時差異が生じる取引（リース，資産除去債務等）については繰延税金資産および繰延税金負債をそれぞれ認識することとなります。

　その結果，繰延税金資産および繰延税金負債がそれぞれ約350億円増加する見込みですが，改訂に伴い増加する繰延税金資産および繰延税金負債は，当期税金資産と負債を相殺する法的強制力のある権利が存在し，かつ法人所得税が同一の税務当局によって同一の納税企業体に課されているものであるため，連結財務諸表の表示において相殺されます。

（1） 財務諸表 ··

① 貸借対照表

（単位：百万円）

	前事業年度 （2022年3月31日）	当事業年度 （2023年3月31日）
資産の部		
流動資産		
現金及び預金	78,267	119,330
受取手形	※2 4,123	※2 4,149
売掛金	※2 360,512	※2 412,312
契約資産	201,492	231,474
リース投資資産	9,213	6,955
有価証券	55,000	—
商品及び製品	38,138	41,127
仕掛品	31,813	25,236
原材料及び貯蔵品	15,252	19,301
前渡金	※2 55,222	※2 62,169
前払費用	23,103	26,655
未収入金	※2 100,363	※2 82,783
その他	※2 30,077	※2 49,688
貸倒引当金	△2	△2
流動資産合計	1,002,572	1,081,175
固定資産		
有形固定資産		
建物	137,811	134,965
構築物	3,671	3,548
機械及び装置	8,379	7,132
車両運搬具	301	221
工具、器具及び備品	42,884	44,363
土地	35,664	32,220
建設仮勘定	8,005	10,935
有形固定資産合計	236,715	233,384
無形固定資産		
特許権	917	756
借地権	128	128
ソフトウエア	63,624	68,820
その他	181	182
無形固定資産合計	64,850	69,885
投資その他の資産		
投資有価証券	※1,※3 102,073	※1,※3 88,021
関係会社株式	※1 778,621	※1 785,764
出資金	197	197
長期貸付金	51	46
関係会社長期貸付金	※1,※2 4,498	※1,※2 10,797
繰延税金資産	55,355	68,121
前払年金費用	38,969	56,461
その他	※2 42,578	※2 43,854
貸倒引当金	△4,799	△5,950
投資その他の資産合計	1,017,542	1,047,310
固定資産合計	1,319,107	1,350,579
資産合計	2,321,679	2,431,755

	前事業年度 （2022年3月31日）	当事業年度 （2023年3月31日）
負債の部		
流動負債		
買掛金	※2 407,188	※2 431,332
コマーシャル・ペーパー	30,000	—
1年内返済予定の長期借入金	41,500	41,000
1年内償還予定の社債	55,000	40,000
リース債務	※2 398	※2 209
未払金	※2 41,967	※2 40,193
未払費用	※2 68,208	※2 77,246
未払法人税等	93	3,634
契約負債	154,322	155,153
預り金	※2 205,382	※2 215,242
製品保証引当金	7,527	5,418
役員賞与引当金	131	112
工事契約等損失引当金	13,776	12,544
偶発損失引当金	21,449	25,153
資産除去債務	—	305
その他	※2 14,233	※2 17,614
流動負債合計	1,061,174	1,065,155
固定負債		
社債	125,000	195,000
長期借入金	122,000	121,000
リース債務	※2 704	※2 320
退職給付引当金	417	
製品保証引当金	1,036	1,087
債務保証損失引当金	11,044	11,458
偶発損失引当金	1,430	1,205
資産除去債務	9,224	9,229
その他	※2 13,390	※2 10,188
固定負債合計	284,245	349,487
負債合計	1,345,419	1,414,642
純資産の部		
株主資本		
資本金	427,831	427,831
資本剰余金		
資本準備金	89,892	89,892
その他資本剰余金	46,771	46,772
資本剰余金合計	136,662	136,663
利益剰余金		
利益準備金	15,514	17,066
その他利益剰余金		
オープンイノベーション促進積立金	—	250
繰越利益剰余金	378,177	449,935
利益剰余金合計	393,691	467,251
自己株式	△1,891	△31,573
株主資本合計	956,293	1,000,173
評価・換算差額等		
その他有価証券評価差額金	23,050	19,919
繰延ヘッジ損益	△3,084	△2,979
評価・換算差額等合計	19,966	16,940
純資産合計	976,260	1,017,113
負債純資産合計	2,321,679	2,431,755

② 損益計算書

(単位：百万円)

	前事業年度 (自　2021年4月 1日 至　2022年3月31日)	当事業年度 (自　2022年4月 1日 至　2023年3月31日)
売上高	※1 1,664,434	※1 1,775,558
売上原価	※1 1,244,593	※1 1,332,729
売上総利益	419,841	442,828
販売費及び一般管理費	※1,※2 413,383	※1,※2 403,709
営業利益	6,458	39,119
営業外収益		
受取利息	※1 258	※1 523
受取配当金	※1 28,436	※1 44,353
その他	4,246	4,929
営業外収益合計	32,940	49,805
営業外費用		
支払利息	※1 2,855	※1 2,011
固定資産除却損	2,013	1,856
為替差損	224	6,440
その他	5,845	7,407
営業外費用合計	10,937	17,714
経常利益	28,461	71,210
特別利益		
関係会社株式売却益	5,083	11,734
投資有価証券売却益	10,839	9,343
固定資産売却益	11,888	3,781
債務保証損失引当金戻入額	3,225	2,036
事業譲渡益	—	1,792
関係会社貸倒引当金戻入額	1,405	—
特別利益合計	32,440	28,687
特別損失		
関係会社株式評価損	931	2,610
債務保証損失引当金繰入額	102	2,344
減損損失	419	2,205
関係会社貸倒引当金繰入額	89	1,263
固定資産売却損	41	124
投資有価証券売却損	7	121
投資有価証券評価損	926	84
関係会社株式売却損	6,948	0
特別損失合計	9,463	8,753
税引前当期純利益	51,438	91,144
法人税、住民税及び事業税	△15,561	495
法人税等調整額	△15,201	△11,460
法人税等合計	△30,762	△10,965
当期純利益	82,200	102,109

③ 株主資本等変動計算書

前事業年度（自 2021年4月1日 至 2022年3月31日）

（単位：百万円）

| | 株主資本 | | | | | | |
| | 資本金 | 資本剰余金 | | | 利益剰余金 | | |
		資本準備金	その他資本剰余金	資本剰余金合計	利益準備金	その他利益剰余金 繰越利益剰余金	利益剰余金合計
当期首残高	427,831	89,892	46,770	136,662	12,786	325,990	338,775
当期変動額							
剰余金の配当						△27,284	△27,284
利益準備金の積立					2,728	△2,728	—
当期純利益						82,200	82,200
自己株式の取得							
自己株式の処分			1	1			
株主資本以外の項目の当期変動額（純額）							
当期変動額合計	—	—	1	1	2,728	52,188	54,916
当期末残高	427,831	89,892	46,771	136,662	15,514	378,177	393,691

| | 株主資本 | | 評価・換算差額等 | | | 純資産合計 |
	自己株式	株主資本合計	その他有価証券評価差額金	繰延ヘッジ損益	評価・換算差額等合計	
当期首残高	△1,563	901,705	28,626	△1,469	27,157	928,862
当期変動額						
剰余金の配当		△27,284				△27,284
利益準備金の積立		—				—
当期純利益		82,200				82,200
自己株式の取得	△570	△570				△570
自己株式の処分	242	243				243
株主資本以外の項目の当期変動額（純額）			△5,576	△1,615	△7,191	△7,191
当期変動額合計	△328	54,589	△5,576	△1,615	△7,191	47,398
当期末残高	△1,891	956,293	23,050	△3,084	19,966	976,260

当事業年度（自　2022年4月1日　至　2023年3月31日）

（単位：百万円）

	株主資本							
	資本金	資本剰余金			利益剰余金			
		資本準備金	その他資本剰余金	資本剰余金合計	利益準備金	その他利益剰余金		利益剰余金合計
						オープンイノベーション促進積立金	繰越利益剰余金	
当期首残高	427,831	89,892	46,771	136,662	15,514	－	378,177	393,691
当期変動額								
オープンイノベーション促進積立金の積立						250	△250	－
剰余金の配当							△28,549	△28,549
利益準備金の積立					1,552		△1,552	－
当期純利益							102,109	102,109
自己株式の取得								
自己株式の処分			1	1				
株主資本以外の項目の当期変動額（純額）								
当期変動額合計	－	－	1	1	1,552	250	71,758	73,560
当期末残高	427,831	89,892	46,772	136,663	17,066	250	449,935	467,251

	株主資本		評価・換算差額等			純資産合計
	自己株式	株主資本合計	その他有価証券評価差額金	繰延ヘッジ損益	評価・換算差額等合計	
当期首残高	△1,891	956,293	23,050	△3,084	19,966	976,260
当期変動額						
オープンイノベーション促進積立金の積立		－				－
剰余金の配当		△28,549				△28,549
利益準備金の積立		－				－
当期純利益		102,109				102,109
自己株式の取得	△30,547	△30,547				△30,547
自己株式の処分	865	866				866
株主資本以外の項目の当期変動額（純額）			△3,131	105	△3,027	△3,027
当期変動額合計	△29,682	43,880	△3,131	105	△3,027	40,853
当期末残高	△31,573	1,000,173	19,919	△2,979	16,940	1,017,113

【注記事項】

（重要な会計方針）

1．資産の評価基準および評価方法 ·······················

（1）　有価証券の評価基準および評価方法 ······················

　子会社株式および関連会社株式…移動平均法による原価法

　その他有価証券

　・市場価格のない株式等以外のもの…時価法

　　評価差額は全部純資産直入法により処理し，売却原価は移動平均法により算定

　・市場価格のない株式等…移動平均法による原価法

　・投資事業有限責任組合等への出資

　　…入手可能な直近の決算書に基づき持分相当額を純額で取り込む方法によっています。

（2）　デリバティブの評価基準および評価方法 ······················

　時価法

（3）　棚卸資産の評価基準および評価方法 ······················

　評価基準は下記の評価方法に基づく原価法（貸借対照表価額については収益性の低下に基づく簿価切下げの方法）を採用しています。

　・商品及び製品

　　注文生産品…個別法

　　標準量産品…先入先出法

　・仕掛品

　　注文生産品…個別法

　　標準量産品…総平均法

　・原材料及び貯蔵品…先入先出法

2．固定資産の減価償却の方法 ·······················

（1）　有形固定資産 ·······················

　定額法を採用しています。

主な耐用年数は次のとおりです。

建物	8〜50年
構築物	7〜60年
機械及び装置	4〜22年
工具，器具及び備品	2〜15年

（2）　無形固定資産

定額法を採用しています。

なお，市場販売目的のソフトウエアについては，見込販売数量または見込販売収益に基づく償却方法（見込有効期間2年以内）を採用し，自社利用のソフトウエアについては，社内における見込利用可能期間（5年以内）に基づく定額法を採用しています。

（3）　長期前払費用

定額法または販売実績等に基づいた償却を行っています。

3．引当金の計上基準

（1）　貸倒引当金

債権の貸倒れによる損失に備えるため，一般債権については貸倒実績率により，貸倒懸念債権等特定の債権については個別に回収可能性を検討し，回収不能見込額を計上しています。

（2）　製品保証引当金

製品販売後または受託開発プログラム引渡後の無償修理費用の支出に備えるため，売上高等に対する過去の実績率および個別に追加原価の発生可能性を基礎とした見積額を計上しています。

（3）　役員賞与引当金

役員賞与の支出に備えるため，当事業年度における支給見込額を計上しています。

（4）　工事契約等損失引当金

採算性の悪化した受注制作のソフトウェアおよび工事契約等に係る将来の損失に備えるため，翌事業年度以降に発生することとなる損失見込額を計上しています。

(5)　債務保証損失引当金 ···

　関係会社への債務保証等に係る損失に備えるため，被保証者の財政状態等を勘案し，損失負担見込額を計上しています。

(6)　偶発損失引当金 ···

　訴訟や係争案件等の将来発生する可能性のある偶発損失に備えるため，偶発事象ごとに個別のリスクを検討し，合理的に算定した損失見込額を計上しています。

(7)　退職給付引当金または前払年金費用 ···

　当社は退職給付制度として，確定給付型の企業年金基金制度，確定拠出年金制度および退職一時金制度を採用しています。

　従業員の退職給付に備えるため，当事業年度末における退職給付債務および年金資産の見込額に基づき，当事業年度末において発生していると認められる額を退職給付引当金または前払年金費用として計上しています。

　当社は退職給付債務を，制度ごとに区別して，従業員が過年度および当事業年度において提供した勤務の対価として獲得した将来給付額を見積り，当該金額を現在価値に割り引くことによって算定します。

　割引率は，上記債務と概ね同じ満期日を有するもので，かつ，支払見込給付と同じ通貨建ての，事業年度の末日における優良社債の利回り（計算基礎に重要な変動が生じていない場合には，前事業年度までに基礎としていた利回り）によります。

　退職給付債務の算定にあたり，退職給付見込額を当事業年度末までの期間に帰属させる方法については，給付算定式基準を採用しています。

　数理計算上の差異は，その発生時の従業員の平均残存勤務期間（主として13年）による定額法により翌事業年度から費用処理しています。

4. 収益および費用の計上基準 ···

　当社は，下記の5ステップアプローチにより収益を認識します。

　ステップ1：顧客との契約を識別する

　ステップ2：契約における履行義務を識別する

　ステップ3：取引価格を算定する

ステップ4：取引価格を契約における履行義務に配分する

ステップ5：履行義務の充足時に（または充足するにつれて）収益を認識する

当社は，ハードウェアおよびパッケージソフトウェアの提供に関する契約，ならびに役務の提供およびシステム・インテグレーション／工事に関わる顧客との契約から収益を認識します。これらの契約から当社は別個の約束された財またはサービス（履行義務等）を特定し，それらの履行義務に対応して収益を配分します。

ハードウェアおよびパッケージソフトウェアの提供に関する契約において，当社は，支配が顧客に移転したと判断した時点で収益を認識します。据付等の重要なサービスを要するハードウェアの販売による売上高は，原則として，顧客の検収時に認識します。標準的なハードウェアの販売による売上高は，原則として，当該ハードウェアに対する支配が顧客に移転する引渡時に認識します。

役務の提供およびシステム・インテグレーション／工事に関わる顧客との契約において，当社は，一定の期間にわたり履行義務を充足するにつれて，収益を認識します。サービスの提供の売上高は，履行義務の完全な充足に向けた進捗度を合理的に測定できる場合は進捗度の測定に基づいて，進捗度を合理的に測定できない場合は履行義務の結果を合理的に測定できるようになるまで発生したコストの範囲で，認識します。

継続して役務の提供を行うサービス契約は，サービスが提供される期間に対する提供済期間の割合で進捗度を測定する方法に基づいて売上高を認識します。単位あたりで課金するアウトソーシング・サービスは，サービスの提供が完了し，請求可能となった時点で売上高を認識します。時間単位で課金されるサービスは，サービス契約期間にわたり売上高を認識します。メンテナンスは原則としてサービスが履行される期間にわたり売上高を認識しますが，時間単位で課金する契約については実績金額をもとに売上高を認識します。

5. 繰延資産の処理方法 ···

社債発行費は，支出時に全額費用として処理しています。

6. 外貨建の資産および負債の本邦通貨への換算基準

外貨建金銭債権債務は，期末日の直物為替相場により円貨に換算し，換算差額は損益として処理しています。

7. ヘッジ会計の方法

(1) ヘッジ会計の方法

金利リスクおよび為替変動リスクをヘッジするデリバティブ取引につき，繰延ヘッジ処理を適用しています。

(2) ヘッジ手段とヘッジ対象

ヘッジ手段…金利スワップおよび為替予約

ヘッジ対象…社債および借入金，外貨建金銭債権債務および外貨建予定取引

(3) ヘッジ方針

当社の内部規程である「リスク管理規程」に基づき，相場変動を相殺，またはキャッシュ・フローを固定する目的で，デリバティブ取引を利用しています。

(4) ヘッジ有効性評価の方法

ヘッジ対象の相場変動またはキャッシュ・フロー変動の累計と，ヘッジ手段の相場変動またはキャッシュ・フロー変動の累計とを比較し，両者の変動額等を基礎にして判断しています。

8. 退職給付に係る会計処理

退職給付に係る未認識数理計算上の差異の会計処理の方法は，連結財務諸表におけるこれらの会計処理の方法と異なっています。

9. グループ通算制度の適用

グループ通算制度を適用しています。また，「グループ通算制度を適用する場合の会計処理及び開示に関する取扱い」(実務対応報告第42号 2021年8月12日)に従って，法人税及び地方法人税の会計処理又はこれらに関する税効果会計の会計処理並びに開示を行っています。

（重要な会計上の見積り）

　会計上の見積りは，財務諸表作成時に入手可能な情報に基づいて合理的な金額を算出しています。当事業年度の財務諸表に計上した金額が会計上の見積りによるもののうち，翌事業年度の財務諸表に重要な影響を及ぼすリスクがある項目は次のとおりです。

1．繰延税金資産の回収可能性の評価 ‥‥‥‥‥‥‥‥‥‥‥‥‥‥‥‥‥‥‥‥‥‥

（1）　当事業年度の財務諸表に計上した金額 ‥‥‥‥‥‥‥‥‥‥‥‥‥‥‥‥‥‥

　当事業年度の貸借対照表において繰延税金資産68,121百万円（前事業年度55,355百万円）を計上し，当該金額は評価性引当金102,840百万円（前事業年度122,695百万円）を控除しています。

（2）　会計上の見積りの内容について財務諸表利用者の理解に資するその他の
　　　情報 ‥‥‥‥‥‥‥‥‥‥‥‥‥‥‥‥‥‥‥‥‥‥‥‥‥‥‥‥‥‥‥‥‥‥

　連結財務諸表注記に記載しているため，記載を省略しています。

2．その他の会計上の見積り ‥‥‥‥‥‥‥‥‥‥‥‥‥‥‥‥‥‥‥‥‥‥‥‥‥

　繰延税金資産の回収可能性の評価以外の会計上の見積りの内容については，以下に記載しています。

　　（1）　退職後給付の数理計算上の仮定
　　　　（第5　経理の状況　2　財務諸表等　注記事項　重要な会計方針　3．引当
　　　　金の計上基準）

　　（2）　引当金の認識および測定
　　　　（第5　経理の状況　1　連結財務諸表等　連結財務諸表注記22）

　　（3）　収益認識
　　　　（第5　経理の状況　2　財務諸表等　注記事項　重要な会計方針　4.収益
　　　　および費用の計上基準）

（表示方法の変更）

　前事業年度まで区分掲記していた営業外費用の「和解金及び損害賠償金」（当事業年度412百万円）は，重要性が乏しいため，営業外費用の「その他」に含めて表示しています。

第2章

電気機器業界の "今" を知ろう

企業の募集情報は手に入れた。しかし，それだけでは
まだ不十分。企業単位ではなく，業界全体を俯瞰する
視点は，面接などでもよく問われる重要ポイントだ。
この章では直近1年間の運輸業界を象徴する重大
ニュースをまとめるとともに，今後の展望について言
及している。また，章末には運輸業界における有名企
業（一部抜粋）のリストも記載してあるので，今後の就
職活動の参考にしてほしい。

▶▶かつての「お家芸」，復権なるか

電気機器 業界の動向

「電気機器」は，電気機器の製造に関わる業態である。インフラやプラントを手掛ける「重電」と，家庭用の洗濯機や冷蔵庫といった「家電」など，取り扱う製品によって大きく分類される。

❖ 総合電機メーカーの動向

　電機産業は，自動車とともに日本の製造業を支えてきた重要な柱である。日立・東芝・三菱電機・ソニー・パナソニック・シャープ・NEC・富士通の，電機大手8社の売上合計は50兆円迫る。

　かつては日本ブランドの象徴として，経済成長を支えてきた電機メーカーだが，2000年代に入り収益が悪化，リーマンショック以降，2017年まで売上は減少を続けてきた。低迷の理由としては，日本からの経済支援，技術供与などで中国や韓国のメーカーが急成長を果たし，個人向け電化製品（白モノ家電）や情報端末などで国産メーカーの価格競争力が低下したこと。また，日本の大手は発電設備などの重電からテレビ，白モノ家電に至るまで何でも手掛ける総合メーカーであるため，資本や技術が分散し，効率的な展開ができなかったことがあげられる。2008年以降の10年間で，売上を伸ばしたのは三菱電機のみ，純利益累計が黒字なのは，三菱，日立，富士通のわずか3社のみという厳しい市況から，各社とも経営改善に向けて，不採算事業の整理，優良事業の拡大など，構造転換を積極的に進めている。

●復活を目指す東芝，シャープ，パナソニック

　東芝は，2015年の不正会計発覚，2016年度の米原子力事業子会社の法的整理に伴う大幅な赤字から，2017年には優良資産である半導体メモリ事業を売却して精算を行い，社会インフラ事業，メモリ以外の半導体事業，ICT（情報通信）事業の主要3部門を分社化した。今後は，各事業で経営の自立性や機動力を高め，経営再建に向けて競争力を強化していく。また，

2016年には白モノ家電事業を中国の美的集団（マイディア）に，2017年にはテレビ事業を手がける傘下の東芝映像ソリューションを中国の海信集団（ハイセンス）に，2018年にはパソコン事業をシャープに売却をしており，事業を整理しつつ収益改善に動いている。

　東芝からパソコン事業を買い取り，同市場へ再参入を果たしたシャープは，2016年に台湾の鴻海（ホンハイ）精密工業に買収され，子会社となったあと，厳格なコスト削減を実施。親会社である鴻海の強みを活かしたパソコン事業のほか，長年培ってきた技術をもとに欧州で高級テレビ事業に参入するなど，新たな取り組みを行っており，2018年3月期には4年ぶりに黒字化を果たした。好採算の空気清浄機や調理家電が強みとなっている。

　2011年に業績不振に陥ったパナソニックは，コンシューマー向け主体から企業向け主体へと方向転換をしており，自動車の電子化・電動化を見据えて，車載事業への取り組みを強化している。2017年10月には電気自動車（EV）に搭載するリチウムイオン電池の生産拠点を一斉に増産し，生産規模を2倍にした。2021年度の売上高は3兆6476円と国内では圧倒的な存在感を誇る。また，戦略投資としてM&Aなどに1兆円を投じ，海外においては，2015年に自動車部品メーカーであるスペインのフィコサ・インターナショナルの株式49％を取得，2016年には米国の業務用冷凍・冷蔵ショーケースメーカー・ハスマンの全株式を取得し，米国で食品流通事業を強化した。2017年には欧州の物流ソリューション会社のゼテス・インダストリーズの株式57.01％を取得している。国内でも，2017年には住宅事業を手がけるパナホームを完全子会社化するなど，活発な買収，再編を実施している。

●資源の集中，優良事業を拡大させる日立，三菱，ソニー

　日立製作所は，2008年度に出した7873億円の純損失を機に，事業の選択を行い，社会インフラ事業に集中した。その結果，2010年，2011年度と連続最高純益でV字回復を果たした。この流れは継続中で，2016年もグループ会社の日立物流，日立キャピタルなど5社を実質的に売却した一方，2017年4月には英の昇降機企業と米国の空気圧縮機企業を買収。イタリアの鉄道車両・信号機メーカーも買収し，英国の実績とあわせて欧州での鉄道車両関連事業で存在感を増しており，目標のひとつであるグローバル展開も拡大している。海外の売上比率は2017年度の48％から50％に伸び，国内と同等規模になっている。

　三菱電機は，携帯電話事業などから早々に撤退し，工場の自動化（FA）

など企業向けビジネスで業績を伸ばしており，日本の電機業界の中では数少ない「勝ち組」といわれている。2025年度までにFAシステム事業の売上を9000億円以上とする目的を掲げ，国内では2021年度までの稼働を目指し，2工場の新設を検討中。2018年6月には中国に工場を新設した。あわせて，中国拠点の増強やインドでの工場新設も検討を始めており，2021年度までに400億円を投資して，国内外をあわせた生産能力を4割程度引き上げる計画を進めている。また，2018年に勃発した米中貿易摩擦に対応して，中国で行っていた加工機2種の生産を国内工場に移管するなど，国際情勢に即した機敏な対応も行っている。

　業績不振にあえいでいたソニーも，2018年3月期の純利益は4907億円と，過去最高益を達成した。ゲーム・ネットワークサービス，スマートフォン向け画像センサーといったIT関連部材など優良事業を強化しつつ，不振事業からの撤退や人員削減などで収益力を回復させ，テレビ事業では「量から質」へ転換し，4Kや有機ELなどの高級路線で欧米でのシェアを拡大させている。ただし，好調だった半導体事業は，スマートフォン市場の影響を受けやすい。スマートフォン自体が成熟期に入り，機能面での差別化が難しくなっているため，価格競争に陥りやすく，今後は納入する部品価格にもその影響が出てくることが予想される。2017年11月，2006年に販売終了した家庭用犬型ロボット「アイボ」を復活させ，その発表会で平井社長は「感動や好奇心を刺激するのがソニーのミッション」と強調した。すでにロボット型の掃除機が普及している家庭向けロボット市場は，潜在的な需要の見込まれる市場であり，新しいデバイスの導入による新しい価値の提供で市場を開拓することが期待される。

❖ 白モノ・生活家電の動向

　日本電気工業会の調べでは，2022年度の白モノ家電の国内出荷金額は前年度比微増の2兆5887億円となった。新型コロナウイルスで在宅時間が増加し，自宅の生活を豊かにしようという特需が落ち着き，それに加えて半導体をはじめとする部品・部材不足が直撃したことが原因と見られる。

　海外市場では，アジアなどの新興国において，世帯年収2万ドル以上の中間層が拡大している。それに伴い，白モノ家電の普及が進行中で，とくにドライヤーや炊飯器などの小型家電を中心に，さらなる需要拡大が見込

まれている。

　冷蔵庫，洗濯機，エアコンなど，生活必需品として手堅い需要のある白モノ家電だが，電機各社の経営戦略の流れのなかで，大きな転換を迫られている。東芝は2016年6月，白モノ家電事業を中国の美的集団に売却した。日立と三菱電機は売上規模を追わず，高付加価値製品に注力している。そんななかでパナソニックはシェアを伸ばし，エアコンやドラム式洗濯機など9市場で販売台数1位を獲得。国内家電市場全体でシェア3割近くを占め，過去30年で最高を更新した。パナソニックでは，エアコンや給湯システム，自動販売機や厨房機器といった食品流通，レンジ・食洗機などのスモール・ビルトインを高成長領域として積極的な投資を行い，グローバルでの成長を目指すという。

● 注目を集めるIoT家電とこだわり家電

　白モノ家電の新展開として注目されているのが，ネットと連動するIoT家電である。スマートフォンで操作できるエアコンやロボット掃除機などが次々と登場している。シャープから発売された電気無水鍋「ヘルシオ　ホットクック」は無線LANを搭載しており，スマホからメニュー検索や遠隔操作などが可能になっている。また，人工知能（AI）によるメニュー提案も行う。家庭内でのIoTに関しては，2017年，電機メーカーを含めた大手企業やメーカーが集まり，業界の垣根を超えて「コネクティッドホーム　アライアンス」を設立した。パナソニックをはじめ，東急やトヨタ自動車などの自動車メーカー，TOTO，LIXIL，YKKAPなどの住宅設備メーカー，中部電力や大阪ガスなどインフラ企業まで77社が名を連ねており，これまで各企業がバラバラに取り組むことでなかなか進展せず，世界から遅れをとっていた国内IoTの取り組みを推進するという。

　また，こだわりの商品を手掛ける家電ベンチャーも活気づいている。バルミューダが販売するトースターは2万円という高額ながら，30万台を売る異例の大ヒットとなった。世界No.1の清浄能力を持つ空気清浄機やスタイリッシュな加湿器を販売するcado（カドー），全自動衣類折りたたみ機「ランドロイド」を開発したセブン・ドリーマーズ・ラボラトリーズなど，大手にはない視点でものづくりに挑んでいる。

❖ デジタル家電の動向

　電子情報技術産業協会によれば，2022年の薄型テレビ国内出荷台数は486.6万台と前年度より急落した。巣篭もり特需による需要先食いが落ち着いたことに加えて，価格競争が激化したことが原因と見られる。

　2017年以降，液晶に続く次世代モデルとして，有機ELテレビに注目が集まっている。有機ELテレビは，電圧をかけると有機材料自体が光る仕組みで，液晶よりも多彩な色彩を鮮やかに再現できる。また画面が5mm程度と薄く，重量も8kg程度で軽いうえに，消費電力も液晶テレビの1割程度で経済的である。国内では，2017年に東芝，パナソニック，ソニーが対応製品の販売を開始しており，当初は40万以上の高価格帯ばかりだったが，2018年に入り20万円台の商品も販売されるなど，低下傾向にある。海外では，ソニーが欧州の有機ELテレビ市場において，65インチは60％，55インチは70％と圧倒的なシェアを獲得している。世界全体のプレミアム製品市場でも44％のシェアとなっており，高級路線への切り替えに成功している。

　オーディオ分野では，高解像度で音の情報量がCDの約6.5倍あるというハイレゾリューション（ハイレゾ）音源が人気を集めている。ハイレゾは，レコーディングスタジオやコンサートホールで録音されたクオリティーがほぼ忠実に再現できるといわれており，ヘッドホンや携帯音楽プレーヤーなど，ハイレゾ対応機器の市場に期待が集まっている。

●4K・8K放送の抱える問題

　すでにCSの一部やケーブルテレビ，ネット動画サービスなどで4Kコンテンツは配信されているが，2018年12月にサービスが開始された新4K・8K衛星放送は4Kテレビへの移行を喚起する目玉のコンテンツといえる。ただ，放送開始前に販売されていた4K対応テレビの多くには，放送を受信するためのチューナーが内蔵されておらず，視聴にはチューナーを別途購入する必要がある。また，アンテナや配線の交換が必要となるケースもあるため，どこまで視聴者を増やせるか，疑問視する声もある。加えて，新4K・8K衛星放送を受信・視聴するには，放送の暗号化情報を解除するため，現行のB-CASカードに変わる「新CAS（ACAS）」チップが必要となる。このチップも，これまでに販売された4Kテレビには付与されていないため，視聴の際には別途，メーカーなどから提供を受けなければならなくなる。新4K・

8K衛星放送に関しては，サービスの開始時期やチューナー，新CASチップなど，告知が不十分な面もあり，今後のていねいな対応が求められている。

❖ パソコン・タブレット・携帯端末の動向

2022年度の国内パソコン（PC）出荷台数は前年比4.4％減の1123万台（IDC調べ）だった。新型コロナ影響でリモートワークが進んだことと，「GIGAスクール」などの学習環境のオンライン化が急速に進んだことの反動が要因と考えられる。

徐々に冷え込みを見せる国内事情と同様に，世界出荷台数も前年比2割減の2億9199万台となった。

ここ数年，PCの好調の皺寄せがきていたスマートフォンだが，2022年における世界の出荷台数は前年比減の12億550万台（米IDC調べ）となった。市場シェアでは，韓国サムスン電子が20以上％を占め首位をキープ，米アップルは18.8％で2位，中国のHuaweiは米政府の規制が影響し，世界上位5から転落した。国内では，2022年のスマートフォン出荷台数は2810万台。メーカー別では，アップルがトップ。シャープ，ソニーが続いている。

タブレットの2022年世界出荷台数は1億6280万台（米IDC調べ）。世界シェアの約半分を占めるアップルのiPadの21年5月発売の新製品効果により堅調な成長を見せている。スペックも向上し，ノートPCとの機能差，価格差は年々小さくなってきている。

❖ 半導体の動向

日本の半導体政策が大きな転機を迎えている。2022年8月に最先端半導体の国産化を目指す「ラピダス」が設立された。同社にはトヨタ自動車やソニーグループなど国内の主要企業8社が出資，経済産業省は2023年4月までに3300億円の助成を決めるなど全面的にバックアップしている。

半導体市場は，技術革新が著しく，巨額の研究開発費と設備投資によって高性能な製品開発を進めるビジネスといえる。IoTが普及すれば，家電や自動車から工場まで，あらゆるモノに半導体が搭載されることから，大きな需要増が見込まれる。そのため，世界の各企業は，これから到来するIoT

時代に備えてM&Aを進め，規模の拡大，製品ラインナップの拡充を目指している。

　2015年，米アバゴ・テクノロジーは同業の米ブロードコムを約4.6兆円で買収した。2016年にはソフトバンクグループが約3.3兆円で英半導体設計大手のARMを買収しており，日本企業による海外企業買収では過去最大の規模となる。ソフトバンクグループは，2017年にも半導体メーカーのエヌビディアへ4000億円を投資している。また，2017年にはインテルが車載カメラや半導体メーカーのモービルアイを約1兆7000億円で買収している。なお，成功はしなかったが，2016年には米クアルコムがオランダのNXPを約5兆円で買収することを計画。2017年11月には，前述のブロードコムがクアルコムに約12兆円で買収を提案していた。

　国内企業に関しては，2017年，東芝が半導体事業を売却したが，ソニーは画像センサーで世界首位を誇っている。画像センサーは，スマートフォン用カメラなどで，被写体の動きを感知して撮影できるように助けるシステムで，ソニーはアップルのiPhoneに搭載されるセンサーを納品しており，世界シェアは44％超となっている。

　自動車用半導体を手掛ける国内大手ルネサスエレクトロニクスは，自動運転技術の進化を見据えて，2022年の車載半導体シェア30％を狙っており，2016年に米半導体メーカーのインターシルを約3400億円で買収した。また，2018年9月には，同じく米国のインテグレーテッド・デバイス・テクノロジー（IDT）を約7500億円で買収すると発表した。IDTはセンサーと無線技術に強く，これも自立走行車向けの展開を見据えた買収といえる。一方，半導体製造装置の日立国際電気は，日立グループを離れ米KKRの傘下に入っている。

　高速通信規格「5G」の実用化を受けて，2020年移行，半導体市場は成長を続けていた。しかし，半導体メーカーの相次ぐ工場トラブルにより，世界的に半導体不足が深刻化している。

電気機器業界

直近の業界各社の関連ニュースを
ななめ読みしておこう。

白物家電出荷額、4～9月は3%減　猛暑でもエアコン低調

日本電機工業会（JEMA）が23日発表した民生用電気機器の4～9月の国内
出荷額は前年同期比3.2%減の1兆3116億円だった。記録的な猛暑でもエア
コンなどの出荷が低調だった。3月時点では2.5%増の1兆3894億円になる
と見込んでいたが、一転して2年ぶりの前年実績割れとなった。

円安や部材価格の上昇などで白物家電の単価は上昇傾向にある。一部の高機能
機種が人気を集める一方で、多くの消費者は節約志向を強めている。JEMA
は4～9月の国内出荷額が期初の見通しを下回った理由について、「単価の上
昇よりも数量が前年を下回った影響が大きかった」と説明する。

品目別では出荷額に占める割合が大きいエアコンの出荷台数が514万5000
台となり、前年同期に比べ8.9%減少した。23年の夏は記録的な猛暑となっ
たものの、過去10年の4～9月の平均（518万9000台）をやや下回る水準だっ
た。調査会社GfKジャパン（東京・中野）の新井沙織シニアマネージャーは「過
去数年続いた高需要の反動が出た」と指摘する。

冷蔵庫の出荷台数は6.9%減の184万台だった。容量別で小・中容量帯は微
増となったが、大容量帯は前年同期を下回った。メーカー関係者は「多少高価
でも時短や手間の軽減に出費を惜しまない人と、そうでない人との二極化が進
んでいる」と話す。

洗濯機の出荷台数は0.4%増の208万3000台だった。乾燥機能が付いてい
るドラム式洗濯機は時短効果が高く、消費者からの人気を集めている。JEMA
の統計でも洗濯乾燥機の出荷台数に占めるドラム式の構成比は初めて8割を超
えた。

新型コロナウイルスの感染症法上の扱いが「5類」に移行した影響で、旅行な
どのレジャー消費は上向いている。外出機会の増加に伴ってドライヤーの出荷
台数が4%増の228万2000台となるなど、理美容家電は好調だった。「イン

バウンド（訪日外国人）が回復し、お土産として買う需要が戻りつつある」（メーカー担当者）といった声もある。

電気代の高騰を受け、家庭での消費電力割合が一番高いエアコンでは省エネルギー性能が高い一部の高機能機種への関心が高まっている。三菱電機によると、人の脈波から感情を解析する機能を搭載した旗艦機種の販売数量は7月に前年同月比で3割増えた。

日立製作所の家電子会社、日立グローバルライフソリューションズ（GLS）は11月に発売するドラム式洗濯機から家電の「指定価格制度」を適用する。小売価格を指定する代わりに、売れ残った在庫の返品に応じる。

原材料価格の高騰や円安によって、製品単価の上昇は続く見通し。日立GLSは一定の需要がある高機能製品で利益率を確保する狙いだ。伊藤芳子常務は「適正な価格で購入してもらい、必要な商品開発サイクルの期間を確保したい」と話す。

（2023年10月23日　日本経済新聞）

Amazon、アレクサに生成AI搭載　「人間らしく会話」

米アマゾン・ドット・コムは20日、音声アシスタント「アレクサ」に生成人工知能（AI）技術を幅広く搭載すると発表した。同社のスマートスピーカーなどで利用者がより自然な会話をしたり、複雑な指示を出したりできるようになる。

東部バージニア州アーリントンの第2本社で新製品発表会を開いた。デバイス・サービス担当のデイブ・リンプ上級副社長が登壇し、アレクサは「（生成AIの技術基盤である）大規模言語モデルにより、まるで人間と話しているかのように速く応答できる」と強調した。

自社開発の大規模言語モデルをアレクサに組み込むことで、会話の文脈を踏まえた返答や、利用者の好みや関心に合わせた回答が可能になる。発表会では利用者がスポーツや料理についてアレクサに質問した後、友人に送るメッセージの作成を依頼すると、アレクサがスポーツや料理の話題を盛り込んで文章を作る実例を示した。

生成AIの搭載で会話表現が豊富になる。状況に応じてアレクサの音声のトーンを変え、利用者にとってより自然に聞こえるようにする。

生成AI機能はまず米国で2024年にかけて段階的に提供を始める。ソフトウ

エアの更新によりアレクサを高度化するため、旧型の端末でも利用できる。当初は無料とするが、将来は有料化を検討している。

22年秋以降、米オープンAIの対話型AI「Chat（チャット）GPT」をはじめとした生成AIが急速に普及した。アマゾンなどの音声アシスタントは従来、事前にプログラムされた範囲で会話や指示に応えることが多く、やりとりに柔軟に対応することが難しかった。

日本など米国以外での提供については「できるだけ早くあらゆる言語に対応したい」（デバイスの国際担当、エリック・サーニオ副社長）としている。

同日、スマートスピーカーやスマートホーム機器などハードウエアの新製品も披露した。

画面やカメラを備えるスマートスピーカーの新製品「エコーショー8」では画像認識技術を使い、利用者と端末の距離に応じて画面への表示内容を変える機能を搭載した。米国での価格は149ドル99セントからで、10月下旬に発売する。

アレクサで操作できる家電などをまとめて管理する端末として、8インチの画面を備えた「エコーハブ」を新たに売り出す。毎日決まった時間に照明と冷房を付けるなど、複数の家電にまたがる操作を一括で設定できる。日本でも販売し、価格は2万5980円。21日から注文を受け付ける。

アマゾンは23年5月、西部ワシントン州シアトルに続く第2本社をアーリントンに開いた。当初は第2本社を米東部ニューヨーク市と首都ワシントン近郊のアーリントンの2カ所に分割して設置すると表明したが、ニューヨークでは地元政治家らの反発を受けて19年に計画を撤回した経緯がある。

アーリントンの第2本社ではアマゾンの従業員約8000人が働く。新型コロナウイルスの感染拡大や働き方の変化を経て、一部の区画で着工を延期している。

（2023年9月21日　日本経済新聞）

サムスン、スマホも力不足　半導体不振で14年ぶり低収益

韓国サムスン電子が14年ぶりの低収益に苦しんでいる。27日発表の2023年4〜6月期業績は営業利益が前年同期比95%減の6700億ウォン（約730億円）だった。半導体部門の巨額赤字を他部門の収益で穴埋めして辛うじて黒字を確保したものの、これまで補完役を担ってきたスマートフォン事業の収益力低下が鮮明になっている。

26日夜、ソウル市の大型展示場には世界各地からユーチューバーやインフル

エンサーが集結していた。その数、1100人。お目当てはサムスンの最新スマホの発表だ。

これまで欧米各都市で年2回実施してきた同社最大イベントを初めて母国で開催。「BTS（防弾少年団）」など人気グループのメンバーも駆けつけ、発表会に花を添えた。

サムスンはこの場で、折り畳みスマホの最新機種を公開した。スマホ事業を統括する盧泰文（ノ・テムン）社長は「わずか数年で数千万人の折り畳みスマホ利用者の笑みがあふれた。今後数年でその市場は1億台を超えるだろう」と自信を示した。

最新機種「ギャラクシーＺフォールド5」と「ギャラクシーＺフリップ5」を8月に発売する。最大の特徴は、既存製品と比べて折り畳んだ時の厚さが2ミリメートル薄く、よりコンパクトにポケットに収まる点だ。Ｚフリップ5では背面ディスプレーの表示面積を3.8倍に広げた改良点もある。

小型の「Ｚフリップ5」は背面ディスプレーの面積を3.8倍に広げた

ただ、価格帯やカメラ性能、メモリー容量などは現行モデルと変わらず、消費者の購買意欲を高められるかは見通しにくい。

買い替え頻度の低下はサムスンに限った問題ではない。スマホの技術革新の余地が年々狭まり、消費者の需要を喚起できなくなっている。消費者側が現状のスマホに満足し、機能拡充を求めなくなったという面もある。

この汎用品（コモディティー）化の進展とともに安価な中国製スマホが台頭したことで、首位サムスンのシェアはじりじりと低下した。世界シェアは13年時点の31％から22年に21％まで下がった。スマホ部門の営業利益は13年の25兆ウォンから、22年に11兆6700億ウォンへと半減した。

かつてサムスンは半導体とスマホ（携帯電話）の「二本柱」で稼ぐ収益構造だった。振れ幅の大きい半導体事業が不振の時はスマホ部門が補い、安定成長を続けた。さらにディスプレーと家電・テレビ部門を持ち、巨額の半導体投資の原資を生み出してきた。

10年代に入るとディスプレーと家電・テレビが中国勢との激しい競争にさらされて収益力が低下。スマホでも中国勢の追い上げが続き、気がつけば半導体事業に依存する「一本足」の収益構造が鮮明になった。

そこに直撃したのが14年ぶりの半導体不況だ。23年4〜6月期の部門業績は、半導体が4兆3600億ウォンの営業赤字だったのに対し、スマホは3兆400億ウォンの黒字。ディスプレーが8400億ウォンの黒字、家電・テレビは7400億ウォンの黒字にとどまった。全体では何とか黒字を確保したものの、

半導体以外の力不足が露呈した。

サムスンは新たな収益源を生み出そうと、汎用品化の波にあらがってきた。今回発表した折り畳みスマホもその一つだ。半導体やディスプレーを自ら手掛ける「垂直統合型」のサムスンが自社と協力会社の技術を持ち寄って19年に新市場を切り開いた。

その後、競合他社も追従して市場自体は大きくなった。しかし技術革新の余地は早くも狭まり、サムスンにとって5代目となる23年モデルの機能拡充は小幅にとどまった。このまま機能の優位性を打ち出せなければ、収益がしぼむリスクがある。

サムスンの主要事業は中国企業との競争にさらされ、長期的に収益力が低下傾向にある。それが今回の半導体不況で改めて浮き彫りになった。6月末時点で10兆円超の現金性資産も活用し、新たな収益事業の確立を急ぐ必要性が高まっている。

（2023年7月27日　日本経済新聞）

省エネ家電購入へ自治体支援　電気代値上げ、申請殺到も

自治体が住民を対象に省エネ家電の購入支援策を相次ぎ打ち出している。富山県や横浜市では家電の省エネ性能などに応じて最大3万〜4万円分を還元し、買い替えで家計の電気代負担を軽くする。6月に家庭向け電気料金の引き上げを各地で迎えるなか、申請が殺到し、開始から10日間で予算が尽きる自治体も出ている。

富山県は5月の補正予算に支援事業費として5億円を計上し、準備を進めている。各家電の省エネ性能を星印で示した国の「統一省エネラベル」の星の数などに応じて、エアコン、冷蔵庫、発光ダイオード（LED）照明を購入した県民に1000〜4万円分のキャッシュレス決済のポイントを付与する。

例えば星が4つ以上かつ冷房能力3.6キロワット以上のエアコンならポイントは2万円分で、県内に本店がある登録事業者の店舗で購入した場合は2倍とする。ポイントの代わりに県産品と交換できるギフトカードも選べる。財源には国の地方創生臨時交付金を活用する。

政府の認可を受け、6月から中部、関西、九州を除く電力大手7社の家庭向け電気料金が引き上げられた。政府試算による標準的な家庭の値上げ幅は北陸電力が42％と最も高い。富山県の担当者は「電気代は生活への影響が大きく、

支援したい」と話す。

事業開始は7月の想定だったが、「早めてほしい」との県民の声を受け、6月中へ前倒しを目指している。

青森県もエアコンなどの購入者に統一省エネラベルなどに応じて1000～6万円分のポイントや商品券を還元する事業を8月下旬に始める。横浜市も同時期から購入金額の20％、上限3万円分を還元する。

東京都は4月、家庭の脱炭素化を図るため省エネ家電の購入者に付与する独自のポイントを2～3割引き上げた。ポイントは商品券などと交換できる。

電気代高騰を受けて省エネ家電の購入を自治体が支援する動きは22年度後半ごろから出てきている。電気代を下げる政府の激変緩和策は9月で期限が切れる。家計への圧力が強まるなか、生活支援策として購入支援に関心を寄せる自治体は増えている。

県の大部分が6月の値上げを申請しなかった中部電力管内にある岐阜県も、省エネ家電の購入額に応じた最大4万円の現金給付を始める。購入者は後日レシートなどと合わせて申請し、県は指定の口座に振り込む。詳細は調整中だが、5月9日以降の購入分なら適用する。

県の担当者は「電気代が高い状態が長く続いている。省エネ家電への切り替えで家計の負担軽減と、地域の脱炭素化を進めたい」と話す。

住民の関心が高く、申請が殺到する事例も起きている。最大5万円の購入支援を5月1日に始めた広島県福山市は、予算が上限に達したとして購入者からの申請受け付けを10日に終了した。本来は8月末まで受け付ける予定だった。

約1億円の予算を組んだが「家電販売店での事前周知や、事業の開始が大型連休中に重なったことが影響した」（市担当者）もようだ。同市は反響の大きさを踏まえ、予算の追加を検討している。

（2023年6月2日　日本経済新聞）

バッテリーなどリサイクル強化　経産省、法改正視野

鉱物資源を含むバッテリーなどのリサイクル促進に向け、経済産業省は関連制度の見直しを進める。近く有識者検討会を作り、資源有効利用促進法などの改正を視野に議論を始める。リサイクルしやすい製品設計をメーカーに求めたり、製品回収をしやすくしたりすることを目指し、具体的な改正内容を詰める。27日にまとめた「成長志向型の資源自律経済戦略」の案に方針を盛り込んだ。

西村康稔経産相は「日本が世界に先駆けて取り組む意義は大きい」と期待を寄せた。

検討会では太陽光パネルやバッテリーなどを、リサイクルの重点品目に追加することなどを議論する。現在は家電製品などが重点品目になっている。政府が認定した製品を製造する設備への支援なども視野に入れる。

産学官の共同事業体も立ち上げる。リサイクル資源の利用・供給の目標達成に向けた行程表や、流通データなどをやりとりする基盤を作ることを検討する。

鉱物資源は埋蔵量が地域的に偏在しているものが少なくない。インドネシアによるニッケル鉱石の輸出禁止など、特定国が供給を絞り世界全体で影響が出たこともある。

日本は多くを輸入に頼り、十分な量の供給を受けられない事態もあり得る。日本で家庭から出る一般廃棄物のリサイクル率は20％に満たない。経済協力開発機構（OECD）全体の24％を下回り、リサイクルを強化すれば鉱物などを確保できる余地がある。

リサイクルは採掘などに比べ、二酸化炭素の排出量が最大で9割程度削減できるとされる。供給網寸断への備えと同時に、脱炭素化も進める狙いだ。

（2023年3月27日　日本経済新聞）

現職者・退職者が語る 電気機器業界の口コミ

※編集部に寄せられた情報を基に作成

▶労働環境

職種：物流企画　　年齢・性別：30代前半・男性

・残業代は基本的に全額出ますが，残業規制が厳しくなりました。
・労働量は部署によってまちまちで，繁忙期は休日出勤がある場合も。
・ノートPCで社外，自宅で仕事する場合も残業代は支払われます。
・役職が上がると裁量性が導入されるため，年収が下がります。

職種：法務　　年齢・性別：30代前半・男性

・サービス残業，休日出勤は一切なく，年休も取得しやすいです。
・2000年頃までは遅い時間まで働くことを良しとしていましたが，各人のライフスタイルに合わせて勤務できていると感じます。
・自宅で仕事を行うE-ワークも推奨されています。

職種：研究・開発（機械）　　年齢・性別：20代後半・男性

・社員同士の仲が良く，業務を行う上で協力関係を築きやすいです。
・自分のやる気次第で，難しい技術に挑戦できる環境にあります。
・責任ある仕事を任され，製品に関わっていることを実感できます。
・失敗を恐れず，チャレンジすることが求められる社風です。

職種：ソフトウェア開発（制御系）　　年齢・性別：20代後半・男性

・フレンドリーな職場だと思います（体育会的という意味ではなく）。最低限の上下関係はありますが，とても自由な雰囲気だと思います。
・管理方法としては，自己流・自社流で時代遅れの感は否めません。
・最近はマネージメント力強化の取り組みを始めているようです。

▶福利厚生

職種：機械・機構設計，金型設計（機械）　年齢・性別：20代後半・男性

・福利厚生は大手企業だけあって，とても充実しています。
・3カ月の研修の間は家賃，食費，光熱費は一切かかりません。
・自営ホテルが格安で使えたり，帰省費用も出してもらえます。
・ただし，昇給制度は良くありません。

職種：一般事務　　年齢・性別：20代後半・女性

・福利厚生はとても充実していると思います。
・住宅補助は大阪だと独身寮，関東だと借り上げ寮となります。
・事務の女性は皆年に1回は，1週間の連続有休を取得しています。
・2010年以降は，先輩方が産休などを取得するようになりました。

職種：空調設備設計　　年齢・性別：20代後半・男性

・金銭面の福利厚生はまったくないと考えておいたほうがいいです。
・住宅手当がないのが一番大きいです。
・退職金も確定拠出年金に移行したため，額の少なさに驚くかも。
・保険が安かったり年休が取りやすかったりと，良い面もあります。

職種：サーバ設計・構築　　年齢・性別：20代後半・男性

・福利厚生は充実していると思います。
・自動車任意保険，生命保険，医療保険はグループ割引がありお得。
・誕生日月に誕生日プレゼントが会社から全社員宛てに貰えます。プ
　レゼントの内容は，おそらく自社製品だと思います。

▶仕事のやりがい

職種：制御設計（電気・電子）　　年齢・性別：20代後半・男性

・自分が設計開発に携わった製品が世に出た時，やりがいを感じます。
・国内外のインフラ開発で，人々の生活を支えていると実感します。
・多くの企業と情報交換できる点も非常に刺激的です。
・自分の能力次第で実際に製品の売上が左右されるプレッシャーも。

職種：研究開発　　年齢・性別：30代前半・男性

・次々に新しい業務が与えられるのでやりがいがあります。
・海外勤務のチャンスも多くあり，望めば研修も受けられます。
・開発に関しては非常に高い技術に触れることができます。
・自身の開発能力を常に向上させることが大事だと思います。

職種：経営コンサルタント　　年齢・性別：20代前半・女性

・顧客規模が大きいため，非常にやりがいが大きいです。
・社会を動かしている感は大企業ならではのものがあります。
・数億単位でお金が動いていくため，自分の裁量権を感じます。顧客
　も大手の経営層であったりするため，とても刺激があります。

職種：ソフトウェア開発（制御系）　　年齢・性別：20代後半・男性

・少人数で開発するので，開発完了時の達成感は大きいと思います。
・最近は新興国など市場の拡大もあり，非常にやりがいがあります。
・エコなど要求の変化もあり，やるべきことが増えてきています。
・経営側もモチベーション向上のための取り組みを始めています。

▶ブラック？ホワイト？

職種：研究開発　　年齢・性別：20代前半・男性

・研究開発の方針がコロコロ変わるのが非常に問題だと思います。
・やめると言っていた分野を急に復活させることもしばしば。
・方針が急に変わる度に，その分野で働いていた優秀な人材が他社へ。
・方針が定まらないため，効率が悪くなり現場が疲弊します。

職種：デジタル回路設計　　年齢・性別：20代前半・男性

・よくも悪くも昭和の空気が色濃く残っている会社です。
・行事は基本的には全員参加が基本です。
・運動会や全社スポーツ大会といったイベントを実施しております。
・若手は応援団に駆り出されるため，体育会系のノリが必要です。

職種：評価・テスト（機械）　　年齢・性別：20代後半・男性

・技術部の場合，残業が月100時間を越える人も少なからずいます。
・部署によっては毎週のように休日出社が発生しているところも。
・会社側は残業時間を減らそうとしているようですが，管理職は残業してあたりまえくらいの考えが主流のように感じます。

職種：法人営業　　年齢・性別：30代後半・男性

・部門の統廃合を凄いスピードでやっています。
・この会社は7割が40歳以上のため，課長や部長が出向していきます。
・本社で仕事がないまま，部下なしの課長や部長となる人もいます。
・職階級のピラミッドが崩れた状態で非常に働きづらくなりました。

▶女性の働きやすさ

職種：一般事務　　年齢・性別：20代後半・女性

・産休や育休などの制度はしっかりしていて働きやすいと思います。
・管理職になるのは難しく，キャリアを求める女性には不向きかと。
・部署移動などもなく，同じ部署で働き続けることになります。
・安定，変化なしを求めるならばもってこいの職場だと思います。

職種：マーケティング　　年齢・性別：20代後半・男性

・男女差別はないので，とても働きやすいと思います。
・女性は４大卒・短大卒関係なく業務にあたるチャンスがあります。
・労働時間が長いため，出産すると途端に働きにくくなります。
・男女平等であるので，夫婦がそれぞれ別の国に駐在するケースも。

職種：回路設計・実装設計　　年齢・性別：20代後半・男性

・育児休暇を取得後，職場に復帰している女性社員も多くいます。
・女性の管理職は自分の周りではあまり見たことがありません。
・育休制度は使いやすいようですが，女性の労働環境改善はまだかと。
・男性社員が圧倒的に多いこともあり，男性社会なのだと思います。

職種：ソフトウェア関連職　　年齢・性別：20代後半・女性

・女性マネージャーは50人の部署に１人程度，部長以上も少ないです。
・育児休暇等を利用した場合は管理職になるのはほぼ難しいようです。
・部署によっては男尊女卑の考え方は根強く残っています。
・女性管理職を増やす方向にあるようですが，時間がかかりそうです。

▶今後の展望

職種：ソフトウェア開発（制御系）　　年齢・性別：20代後半・男性
・新興国や国際的エコ意識から市場は拡大傾向にあると思います。
・ライバル企業は技術的には日系メーカー，新興市場は中国系です。
・既存事業の動向はエアコンの需要が増え，開発案件が増えています。
・今後はあえて別分野への大胆な展開はないと思います。

職種：経理　　年齢・性別：20代後半・男性
・一応高いシェアは持っていますが，油断できない状況です。
・断トツのトップシェアというわけでもないので競争は激化するかと。
・既存事業については成長性というのはないのではと感じています。
・今後の将来性については，疑問に感じるところです。

職種：研究・開発（機械）　　年齢・性別：20代後半・男性
・会社設立以降ほぼ右肩上がりに業績を伸ばしています。
・一度も赤字転落していないため，将来的にも安泰だと思います。
・リーマン・ショックでも業績を落とすことなく乗り越えてきました。
・好況時に社員にバラまくことをしない堅実な経営方針がいいのかと。

職種：法人営業　　年齢・性別：20代後半・男性
・一般的な商材のため市場がなくなることはないと思います。
・ただ，競合他社も多く，価格競争が厳しいのは否めません。
・売るだけではなく技術的知識を身につけることが大事だと思います。
・即潰れることはないとは思いますが，定年までいられるかどうか。

電気機器業界 国内企業リスト (一部抜粋)

区別	会社名	本社住所
電気機器	イビデン株式会社	岐阜県大垣市神田町 2-1
	コニカミノルタ株式会社	東京都千代田区丸の内 2-7-2　JP タワー
	ブラザー工業株式会社	名古屋市瑞穂区苗代町 15 番 1 号
	ミネベア株式会社	長野県北佐久郡御代田町大字御代田 4106-73
	株式会社 日立製作所	東京都千代田区丸の内一丁目 6 番 6 号
	株式会社 東芝	東京都港区芝浦 1-1-1
	三菱電機株式会社	東京都千代田区丸の内 2-7-3　東京ビル
	富士電機株式会社	東京都品川区大崎一丁目 11 番 2 号 ゲートシティ大崎イーストタワー
	東洋電機製造株式会社	東京都中央区八重洲一丁目 4 番 16 号 東京建物八重洲ビル 5 階
	株式会社安川電機	北九州市八幡西区黒崎城石 2 番 1 号
	シンフォニアテクノロジー 株式会社	東京都港区芝大門 1-1-30　芝 NBF タワー
	株式会社明電舎	東京都品川区大崎二丁目 1 番 1 号 ThinkPark Tower
	オリジン電気株式会社	東京都豊島区高田 1 丁目 18 番 1 号
	山洋電気株式会社	東京都豊島区南大塚 3-33-1
	デンヨー株式会社	東京都中央区日本橋堀留町二丁目 8 番 5 号
	東芝テック株式会社	東京都品川区大崎 1-11-1 （ゲートシティ大崎ウエストタワー）
	芝浦メカトロニクス株式会社	神奈川県横浜市栄区笠間 2-5-1
	マブチモーター株式会社	千葉県松戸市松飛台 430 番地
	日本電産株式会社	京都府京都市南区久世殿城町 338 番地
	株式会社 東光高岳ホールディングス	東京都江東区豊洲 3-2-20 豊洲フロント 2F
	宮越ホールディングス 株式会社	東京都大田区大森北一丁目 23 番 1 号
	株式会社　ダイヘン	大阪市淀川区田川 2 丁目 1 番 11 号
	ヤーマン株式会社	東京都江東区古石場一丁目 4 番 4 号
	株式会社 JVC ケンウッド	神奈川県横浜市神奈川区守屋町三丁目 12 番地

区別	会社名	本社住所
電気機器	第一精工株式会社	京都市伏見区桃山町根来 12 番地 4
	日新電機株式会社	京都市右京区梅津高畝町 47 番地
	大崎電気工業株式会社	東京都品川区東五反田 2-10-2 東五反田スクエア
	オムロン株式会社	京都市下京区塩小路通堀川東入
	日東工業株式会社	愛知県長久手市蟹原 2201 番地
	IDEC 株式会社	大阪市淀川区西宮原 2-6-64
	株式会社 ジーエス・ユアサ コーポレーション	京都市南区吉祥院西ノ庄猪之馬場町 1 番地
	サクサホールディングス株式会社	東京都港区白金 1-17-3 NBF プラチナタワー
	株式会社 メルコホールディングス	名古屋市中区大須三丁目 30 番 20 号 赤門通ビル
	株式会社テクノメディカ	横浜市都筑区仲町台 5-5-1
	日本電気株式会社	東京都港区芝五丁目 7 番 1 号
	富士通株式会社	神奈川県川崎市中原区上小田中 4-1-1
	沖電気工業株式会社	東京都港区虎ノ門 1-7-12
	岩崎通信機株式会社	東京都杉並区久我山 1 丁目 7 番 41 号
	電気興業株式会社	東京都千代田区丸の内三丁目 3 番 1 号 新東京ビル 7 階
	サンケン電気株式会社	埼玉県新座市北野三丁目 6 番 3 号
	株式会社ナカヨ通信機	前橋市総社町一丁目 3 番 2 号
	アイホン株式会社	愛知県名古屋市熱田区神野町 2-18
	ルネサス エレクトロニクス株式会社	神奈川県川崎市中原区下沼部 1753 番地
	セイコーエプソン株式会社	長野県諏訪市大和三丁目 3 番 5 号
	株式会社ワコム	埼玉県加須市豊野台二丁目 510 番地 1
	株式会社 アルバック	神奈川県茅ヶ崎市萩園 2500
	株式会社アクセル	東京都千代田区外神田四丁目 14 番 1 号 秋葉原 UDX　南ウイング 10 階
	株式会社ピクセラ	大阪府大阪市浪速区難波中 2-10-70 パークスタワー 25F

区別	会社名	本社住所
電気機器	EIZO 株式会社	石川県白山市下柏野町 153 番地
	日本信号株式会社	東京都千代田区丸の内 1-5-1 新丸の内ビルディング
	株式会社京三製作所	横浜市鶴見区平安町二丁目 29 番地の 1
	能美防災株式会社	東京都千代田区九段南 4 丁目 7 番 3 号
	ホーチキ株式会社	東京都品川区上大崎二丁目 10 番 43 号
	エレコム株式会社	大阪市中央区伏見町 4 丁目 1 番 1 号 明治安田生命大阪御堂筋ビル 9F
	日本無線株式会社	東京都杉並区荻窪 4-30-16 藤澤ビルディング
	パナソニック株式会社	大阪府門真市大字門真 1006 番地
	シャープ株式会社	大阪市阿倍野区長池町 22 番 22 号
	アンリツ株式会社	神奈川県厚木市恩名 5-1-1
	株式会社富士通ゼネラル	神奈川県川崎市高津区末長 1116 番地
	株式会社日立国際電気	東京都千代田区外神田 4-14-1 (秋葉原 UDX ビル 11F)
	ソニー株式会社	東京都港区港南 1-7-1
	TDK 株式会社	東京都港区芝浦三丁目 9 番 1 号 芝浦ルネサイトタワー
	帝国通信工業株式会社	神奈川県川崎市中原区苅宿 45 番 1 号
	ミツミ電機株式会社	東京都多摩市鶴牧 2-11-2
	株式会社タムラ製作所	東京都練馬区東大泉 1-19-43
	アルプス電気株式会社	東京都大田区雪谷大塚町 1-7
	池上通信機株式会社	東京都大田区池上 5-6-16
	パイオニア株式会社	神奈川県川崎市幸区新小倉 1-1
	日本電波工業株式会社	東京都渋谷区笹塚 1-50-1 笹塚 NA ビル
	株式会社日本トリム	大阪市北区梅田二丁目 2 番 22 号 ハービス ENT オフィスタワー 22F
	ローランド ディー . ジー . 株式会社	静岡県浜松市北区新都田一丁目 6 番 4 号
	フォスター電機株式会社	東京都昭島市つつじが丘一丁目 1 番 109 号
	クラリオン株式会社	埼玉県さいたま市中央区新都心 7-2
	SMK 株式会社	東京都品川区戸越 6 丁目 5 番 5 号

区別	会社名	本社住所
電気機器	株式会社ヨコオ	東京都北区滝野川 7-5-11
	株式会社 東光	東京都品川区東中延 1-5-7
	ティアック株式会社	東京都多摩市落合 1 丁目 47 番地
	ホシデン株式会社	大阪府八尾市北久宝寺 1-4-33
	ヒロセ電機株式会社	東京都品川区大崎 5 丁目 5 番 23 号
	日本航空電子工業株式会社	東京都渋谷区道玄坂 1-21-2
	TOA 株式会社	兵庫県神戸市中央区港島中町七丁目 2 番 1 号
	古野電気株式会社	兵庫県西宮市芦原町 9-52
	ユニデン株式会社	東京都中央区八丁堀 2-12-7
	アルパイン株式会社	東京都品川区西五反田 1-1-8
	スミダコーポレーション株式会社	東京都中央区日本橋蛎殻町一丁目 39 番 5 号 水天宮北辰ビル ヂング
	アイコム株式会社	大阪市平野区加美南 1-1-32
	リオン株式会社	東京都国分寺市東元町 3-20-41
	船井電機株式会社	大阪府大東市中垣内 7 丁目 7 番 1 号
	横河電機株式会社	東京都武蔵野市中町 2-9-32
	新電元工業株式会社	東京都千代田区大手町二丁目 2 番 1 号 新大手町ビル
	アズビル株式会社	東京都千代田区丸の内 2-7-3（東京ビル）
	東亜ディーケーケー株式会社	東京都新宿区高田馬場一丁目 29 番 10 号
	日本光電工業株式会社	東京都新宿区西落合 1 丁目 31 番 4 号
	株式会社チノー	東京都板橋区熊野町 32-8
	株式会社共和電業	東京都調布市調布ヶ丘 3-5-1
	日本電子材料株式会社	兵庫県尼崎市西長洲町 2 丁目 5 番 13 号
	株式会社堀場製作所	京都市南区吉祥院宮の東町 2
	株式会社アドバンテスト	東京都千代田区丸の内 1 丁目 6 番 2 号
	株式会社小野測器	神奈川県横浜市港北区新横浜 3 丁目 9 番 3 号
	エスペック株式会社	大阪市北区天神橋 3-5-6
	パナソニック デバイス SUNX 株式会社	愛知県春日井市牛山町 2431-1

区別	会社名	本社住所
電気機器	株式会社キーエンス	大阪市東淀川区東中島 1-3-14
	日置電機株式会社	長野県上田市小泉 81
	シスメックス株式会社	兵庫県神戸市中央区脇浜海岸通 1 丁目 5 番 1 号
	株式会社メガチップス	大阪市淀川区宮原 1 丁目 1 番 1 号 新大阪阪急ビル
	OBARA GROUP 株式会社	神奈川県大和市中央林間 3 丁目 2 番 10 号
	日本電産コパル電子株式会社	東京都新宿区西新宿 7-5-25 西新宿木村屋ビル
	澤藤電機株式会社	群馬県太田市新田早川町 3 番地
	コーセル株式会社	富山県富山市上赤江町一丁目 6 番 43 号
	株式会社日立メディコ	東京都千代田区外神田 4-14-1（秋葉原 UDX 18 階）
	新日本無線株式会社	東京都中央区日本橋横山町 3 番 10 号
	オプテックス株式会社	滋賀県大津市雄琴 5-8-12
	千代田インテグレ株式会社	東京都中央区明石町 4-5
	レーザーテック株式会社	神奈川県横浜市港北区新横浜 2-10-1
	スタンレー電気株式会社	東京都目黒区中目黒 2-9-13
	岩崎電気株式会社	東京都中央区日本橋馬喰町 1-4-16 馬喰町第一ビルディング
	ウシオ電機株式会社	東京都千代田区大手町二丁目 6 番 1 号
	岡谷電機産業株式会社	東京都世田谷区等々力 6-16-9
	ヘリオス テクノ ホールディング株式会社	兵庫県姫路市豊富町御蔭 703 番地
	日本セラミック株式会社	鳥取市広岡 176-17
	株式会社遠藤照明	大阪府大阪市中央区本町一丁目 6 番 19 号
	株式会社日本デジタル研究所	東京都江東区新砂 1-2-3
	古河電池株式会社	神奈川県横浜市保土ヶ谷区星川 2-4-1
	双信電機株式会社	東京都港区三田 3-13-16 三田 43MT ビル 13F
	山一電機株式会社	東京都大田区南蒲田 2 丁目 16 番 2 号 テクノポート三井生命ビル 11 階
	株式会社 図研	横浜市都筑区荏田東 2-25-1
	日本電子株式会社	東京都昭島市武蔵野 3 丁目 1 番 2 号
	カシオ計算機株式会社	東京都渋谷区本町 1-6-2

区別	会社名	本社住所
電気機器	ファナック株式会社	山梨県南都留郡忍野村忍草字古馬場 3580
	日本シイエムケイ株式会社	東京都新宿区西新宿 6-5-1 新宿アイランドタワー 43F
	株式会社エンプラス	埼玉県川口市並木 2 丁目 30 番 1 号
	株式会社 大真空	兵庫県加古川市平岡町新在家 1389
	ローム株式会社	京都市右京区西院溝崎町 21
	浜松ホトニクス株式会社	静岡県浜松市中区砂山町 325-6 日本生命浜松駅前ビル
	株式会社三井ハイテック	北九州市八幡西区小嶺二丁目 10 番 1 号
	新光電気工業株式会社	長野県長野市小島田町 80 番地
	京セラ株式会社	京都府京都市伏見区竹田鳥羽殿町 6
	太陽誘電株式会社	東京都台東区上野 6 丁目 16 番 20 号
	株式会社村田製作所	京都府長岡京市東神足 1 丁目 10 番 1 号
	株式会社ユーシン	東京都港区芝大門 1-1-30　芝 NBF タワー
	双葉電子工業株式会社	千葉県茂原市大芝 629
	北陸電気工業株式会社	富山県富山市下大久保 3158 番地
	ニチコン株式会社	京都市中京区烏丸通御池上る
	日本ケミコン株式会社	東京都品川区大崎五丁目 6 番 4 号
	コーア株式会社	長野県上伊那郡箕輪町大字中箕輪 14016
	市光工業株式会社	神奈川県伊勢原市板戸 80
	株式会社小糸製作所	東京都港区高輪 4 丁目 8 番 3 号
	株式会社ミツバ	群馬県桐生市広沢町 1-2681
	スター精密株式会社	静岡県静岡市駿河区中吉田 20 番 10 号
	大日本スクリーン製造 株式会社	京都市上京区堀川通寺之内上る 4 丁目天神北町 1-1
	キヤノン電子株式会社	埼玉県秩父市下影森 1248 番地
	キヤノン株式会社	東京都大田区下丸子 3 丁目 30 番 2 号
	株式会社リコー	東京都中央区銀座 8-13-1　リコービル
	MUTOH ホールディングス 株式会社	東京都世田谷区池尻 3 丁目 1 番 3 号
	東京エレクトロン株式会社	東京都港区赤坂 5-3-1 赤坂 Biz タワー

区別	会社名	本社住所
精密機器	テルモ株式会社	東京都渋谷区幡ヶ谷 2-44-1
	クリエートメディック株式会社	神奈川県横浜市都筑区茅ヶ崎南 2-5-25
	日機装株式会社	東京都渋谷区恵比寿 4 丁目 20 番 3 号 恵比寿ガーデンプレイスタワー 22 階
	株式会社島津製作所	京都市中京区西ノ京桑原町 1 番地
	株式会社ジェイ・エム・エス	広島市中区加古町 12 番 17 号
	クボテック株式会社	大阪市北区中之島 4-3-36 玉江橋ビル
	ショットモリテックス株式会社	埼玉県朝霞市泉水 3-13-45
	長野計器株式会社	東京都大田区東馬込 1 丁目 30 番 4 号
	株式会社ブイ・テクノロジー	横浜市保土ヶ谷区神戸町 134 横浜ビジネスパーク イーストタワー 9F/5F
	東京計器株式会社	東京都大田区南蒲田 2-16-46
	愛知時計電機株式会社	名古屋市熱田区千年一丁目 2 番 70 号
	株式会社東京精密	東京都八王子市石川町 2968-2
	マニー株式会社	栃木県宇都宮市清原工業団地 8 番 3
	株式会社ニコン	東京都千代田区有楽町 1-12-1（新有楽町ビル）
	株式会社トプコン	東京都板橋区蓮沼町 75 番 1 号
	オリンパス株式会社	東京都新宿区西新宿 2-3-1　新宿モノリス
	理研計器株式会社	東京都板橋区小豆沢 2-7-6
	株式会社タムロン	埼玉県さいたま市見沼区蓮沼 1385 番地
	HOYA 株式会社	東京都新宿区中落合 2-7-5
	ノーリツ鋼機株式会社	和歌山市梅原 579 － 1
	株式会社エー・アンド・デイ	東京都豊島区東池袋 3 丁目 23 番 14 号
	シチズンホールディングス株式会社	東京都西東京市田無町 6-1-12
	リズム時計工業株式会社	埼玉県さいたま市大宮区北袋町一丁目 299 番地 12
	大研医器株式会社	大阪市中央区道修町 3 丁目 6 番 1 号
	株式会社松風	京都市東山区福稲上高松町 11
	セイコーホールディングス株式会社	東京都港区虎ノ門二丁目 8 番 10 号 虎ノ門 15 森ビル
	ニプロ株式会社	大阪市北区本庄西 3 丁目 9 番 3 号

第3章

就職活動のはじめかた

入りたい会社は決まった。しかし「就職活動とはそもそも何をしていいのかわからない」「どんな流れで進むかわからない」という声は意外と多い。ここでは就職活動の一般的な流れや内容，対策について解説していく。

▶就職活動のスケジュール

3月　4月　6月

就職活動スタート

2025年卒の就活スケジュールは、経団連と政府を中心に議論され、2024年卒の採用選考スケジュールから概ね変更なしとされている。

エントリー受付・提出

OB・OG訪問

企業の説明会には積極的に参加しよう。独自の企業研究だけでは見えてこなかった新たな情報を得る機会であるとともに、モチベーションアップにもつながる。また、説明会に参加した者だけに配布する資料などもある。

合同企業説明会　　**個別企業説明会**

筆記試験・面接試験等始まる（3月〜）

内々定（大手企業）

2月末までにやっておきたいこと

就職活動が本格化する前に、以下のことに取り組んでおこう。
　　◎自己分析　◎インターンシップ　◎筆記試験対策
　　◎業界研究・企業研究　◎学内就職ガイダンス

自分が本当にやりたいことはなにか、自分の能力を最大限に活かせる会社はどこか。自己分析と企業研究を重ね、それを文章などにして明確にしておき、面接時に最大限に活用できるようにしておこう。

※このスケジュール表は一般的なものです。本年(2019年度)の採用スケジュール表では
ありませんので、ご注意ください。

7月　　　　　　　　**8月**　　　　　　　　**10月**

中小企業採用本格化

内定者の数が採用予定数に満た
ない企業、1年を通して採用を継
続している企業、夏休み以降に採
用活動を実施企業(後期採用)は
採用活動を継続して行っている。
大企業でも後期採用を行っている
こともあるので、企業から内定が
出ても、納得がいかなければ継続
して就職活動を行うこともある。

中小企業の採用が本格化するのは大手
企業より少し遅いこの時期から。HP
などで採用情報をつかむとともに、企
業研究も怠らないようにしよう。

内々定とは10月1日以前に通知(電話等)
されるもの。内定に関しては現在協定があり、
10月1日以降に文書等にて通知される。

内々定(中小企業)　　　　　　内定式(10月〜)

どんな人物が求められる?

多くの企業は、常識やコミュニケーション能力があり、社会のできごと
に高い関心を持っている人物を求めている。これは「会社の一員とし
て将来の企業発展に寄与してくれるか」という視点に基づく、もっとも
普遍的な選考基準だ。もちろん、「自社の志望を真剣に考えているか」
「自社の製品、サービスにどれだけの関心を向けているか」という熱
意の部分も重要な要素になる。

就活ロールプレイ！

就職活動のスタート

内定までの道のりは，大きく分けると以下のようになる。

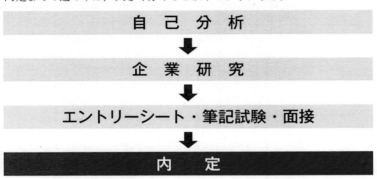

01 まず自己分析からスタート

就職活動とは，「企業に自分をPRすること」。自分自身の興味，価値観に加えて，強み・能力という要素が加わって，初めて企業側に「自分が働いたら，こういうポイントで貢献できる」と自分自身を売り込むことができるようになる。

■**自分の来た道を振り返る**

自己分析をするための第一歩は，「振り返ってみる」こと。

小学校，中学校など自分のいた"場"ごとに何をしたか（部活動など），何を学んだか，交友関係はどうだったか，興味のあったこと，覚えている印象的なことを書き出してみよう。

■**テストを受けてみる**

"自分では気がついていない能力"を客観的に検査してもらうことで，自分に向いている職種が見えてくる。下記の5種類が代表的なものだ。

①職業適性検査　　②知能検査　　③性格検査

④職業興味検査　　⑤創造性検査

■先輩や専門家に相談してみる

　就職活動をするうえでは，"いかに他人に自分のことをわかってもらうか"が重要なポイント。他者の視点で自分を分析してもらうことで，より客観的な視点で自己PRができるようになる。

自己分析の流れ

❏過去の経験を書いてみる

❏現在の自己イメージを明確にする…行動，考え方，好きなものなど。

❏他人から見た自分を明確にする

❏将来の自分を明確にしてみる…どのような生活をおくっていたいか。期待，夢，願望。なりたい自分はどういうものか，掘り下げて考える。→自己分析結果を，志望動機につなげていく。

01 企業の絞り込み

　志望企業の絞り込みについての考え方は大きく分けて2つある。

　第1は，同一業種の中で1次候補，2次候補……と絞り込んでいく方法。

　第2は，業種を1次，2次，3次候補と変えながら，それぞれに2社程度ずつ絞り込んでいく方法。

　第1の方法では，志望する同一業種の中で，一流企業，中堅企業，中小企業，縁故などがある歯止めの会社……というふうに絞り込んでいく。

　第2の方法では，自分が最も望んでいる業種，将来好きになれそうな業種，発展性のある業種，安定性のある業種，現在好況な業種……というふうに区別して，それぞれに適当な会社を絞り込んでいく。

02 情報の収集場所

・キャリアセンター

・新聞

・インターネット

・企業情報

『就職四季報』（東洋経済新報社刊），『日経会社情報』（日本経済新聞社刊）などの企業情報。この種の資料は本来"株式市場"についての資料だが，その時期の景気動向を含めた情報を仕入れることができる。

・経済雑誌

『ダイヤモンド』（ダイヤモンド社刊）や『東洋経済』（東洋経済新報社刊），『エコノミスト』（毎日新聞出版刊）など。

・OB・OG／社会人

①成長力

　まず"売上高"。次に資本力の問題や利益率などの比率。いくら資本金があっても，それを上回る膨大な借金を抱えていて，いくら稼いでも利払いに追われまくるようでは，成長できないし，安定できない。

　成長力を見るには自己資本率を割り出してみる。自己資本を総資本で割って100を掛けると自己資本率がパーセントで出てくる。自己資本の比率が高いほうが成長力もあり安定度も高い。

　利益率は純利益を売上高で割って100を掛ける。利益率が高ければ，企業はどんどん成長するし，社員の待遇も上昇する。利益率が低いということは，仕事がどんなに忙しくても利益にはつながらないということになる。

②技術力

　技術力は，短期的な見方と長期的な展望が必要になってくる。研究部門が適切な規模か，大学など企業外の研究部門との連絡があるか，先端技術の分野で開発を続けているかどうかなど。

③経営者と経営形態

　会社が将来，どのような発展をするか，または衰退するかは経営者の経営哲学，経営方針によるところが大きい。社長の経歴を知ることも必要。創始者の息子，孫といった親族が社長をしているのか，サラリーマン社長か，官庁などからの天下りかということも大切なチェックポイント。

④社風

　社風というのは先輩社員から後輩社員に伝えられ，教えられるもの。社風もいろいろな面から必ずチェックしよう。

⑤安定性

　企業が成長しているか，安定しているかということは車の両輪。どちらか片方の回転が遅くなっても企業はバランスを失う。安定し，しかも成長する。これが企業として最も理想とするところ。

⑥待遇

　初任給だけを考えてみても，それが手取りなのか，基本給なのか。基本給というのはボーナスから退職金，定期昇給の金額にまで響いてくる。また，待遇というのは給与ばかりではなく，福利厚生施設でも大きな差が出てくる。

■そのほかの会社比較の基準

1. ゆとり度

休暇制度は，企業によって独自のものを設定しているところもある。「長期休暇制度」といったものなどの制定状況と，また実際に取得できているかどうかも調べたい。

2. 独身寮や住宅設備

最近では，社宅は廃止し，住宅手当を多く出すという流れもある。寮や社宅についての福利厚生は調べておく。

3. オフィス環境

会社に根づいた慣習や社員に対する考え方が，意外にオフィスの設備やレイアウトに表れている場合がある。

たとえば，個人の専有スペースの広さや区切り方，パソコンなどOA機器の設置状況，上司と部下の机の配置など，会社によってずいぶん違うもの。玄関ロビーや受付の様子を観察するだけでも，会社ごとのカラーや特徴がどこかに見えてくる。

4. 勤務地

転勤はイヤ，どうしても特定の地域で生活していきたい。そんな声に応えて，最近は流通業などを中心に，勤務地限定の雇用制度を取り入れる企業も増えている。

---

column　初任給では分からない本当の給与

会社の給与水準には「初任給」「平均給与」「平均ボーナス」「モデル給与」など，判断材料となるいくつかのデータがある。これらのデータからその会社の給料の優劣を判断するのは非常に難しい。

たとえば中小企業の中には，初任給が飛び抜けて高い会社がときどきある。しかしその後の昇給率は大きくないのがほとんど。

一方，大手企業の初任給は業種間や企業間の差が小さく，ほとんど横並びと言っていい。そこで，「平均給与」や「平均ボーナス」などで将来の予測をするわけだが，これは一応の目安とはなるが，個人差があるので正確とは言えない。

■**決定版「就職ノート」はこう作る**

1冊にすべて書き込みたいという人には，ルーズリーフ形式のノートがお勧め。会社研究，スケジュール，時事用語，OB／OG訪問，切り抜きなどの項目を作りインデックスをつける。

カレンダー，説明会，試験などのスケジュール表を貼り，とくに会社別の説明会，面談，書類提出，試験の日程がひと目で分かる表なども作っておく。そして見開き2ページで1社を載せ，左ページに企業研究，右ページには志望理由，自己PRなどを整理する。

就職ノートの主なチェック項目

❑企業研究…資本金，業務内容，従業員数など基礎的な会社概要から，過去の採用状況，業務報告などのデータ

❑採用試験メモ…日程，条件，提出書類，採用方法，試験の傾向など

❑店舗・営業所見学メモ…流通関係，銀行などの場合は，客として訪問し，商品（値段，使用価値，ユーザーへの配慮），店員（接客態度，商品知識，熱意，親切度），店舗（ショーケース，陳列の工夫，店内の清潔さ）などの面をチェック

❑OB／OG訪問メモ…OB／OGの名前，連絡先，訪問日時，面談場所，質疑応答のポイント，印象など

❑会社訪問メモ…連絡先，人事担当者名，会社までの交通機関，最寄り駅からの地図，訪問のときに得た情報や印象，訪問にいたるまでの経過も記入

05 「OB／OG訪問」

　「OB／OG訪問」は，実際は採用予備選考開始。まず，OB／OG訪問を希望したら，大学のキャリアセンター，教授などの紹介で，志望企業に勤める先輩の手がかりをつかむ。もちろん直接電話なり手紙で，自分の意向を会社側に伝えてもいい。自分の在籍大学，学部をはっきり言って，「先輩を紹介していただけないでしょうか」と依頼しよう。

OB／OG訪問時の質問リスト例

●採用について
- ・成績と面接の比重
- ・採用までのプロセス（日程）
- ・面接は何回あるか
- ・面接で質問される事項　etc.
- ・評価のポイント
- ・筆記試験の傾向と対策
- ・コネの効力はどうか

●仕事について
- ・内容（入社10年，20年のOB/OG）
- ・希望職種につけるのか
- ・残業，休日出勤，出張など
- ・新入社員の仕事
- ・やりがいはどうか
- ・同業他社と比較してどうか　etc.

●社風について
- ・社内のムード
- ・仕事のさせ方　etc.
- ・上司や同僚との関係

●待遇について
- ・給与について
- ・昇進のスピード
- ・福利厚生の状態
- ・離職率について　etc.

06 インターンシップ

　インターンシップとは，学生向けに企業が用意している「就業体験」プログラム。ここで学生はさまざまな企業の実態をより深く知ることができ，その後の就職活動において自己分析，業界研究，職種選びなどに活かすことができる。また企業側にとっても有能な学生を発掘できるというメリットがあるため，導入する企業は増えている。

　インターンシップ参加が採用につながっているケースもあるため，たくさん参加してみよう。

> ### column　コネを利用するのも1つの手段？
>
> コネを活用できるのは，以下のような場合である。
>
> **・企業と大学に何らかの「連絡」がある場合**
>
> 　企業の新卒採用の場合，特定校・指定校が決められていることもある。企業側が過去の実績などに基づいて決めており，大学の力が大きくものをいう。
>
> 　とくに理工系では，指導教授や研究室と企業との連絡が密接な場合が多く，教授の推薦が有利であることは言うまでもない。同じ大学出身の先輩とのコネも，この部類に区分できる。
>
> **・志望企業と「関係」ある人と関係がある場合**
>
> 　一般的に言えば，志望企業の取り引き先関係からの紹介というのが一番多い。ただし，年間億単位の実績が必要で，しかも部長・役員以上につながっていなければコネがあるとは言えない。
>
> **・志望企業と何らかの「親しい関係」がある場合**
>
> 　志望企業に勤務したりアルバイトをしていたことがあるという場合。インターンシップもここに分類される。職場にも馴染みがあり人間関係もできているので，就職に際してきわめて有利。
>
> **・志望会社に関係する人と「縁故」がある場合**
>
> 　縁故を「血縁関係」とした場合，日本企業ではこのコネはかなり有効なところもある。ただし，血縁者が同じ会社にいるというのは不都合なことも多いので，どの企業も慎重。

07 会社説明会のチェックポイント

1. 受付の様子

受付事務がテキパキとしていて，分かりやすいかどうか。社員の態度が親切で誠意が伝わってくるかどうか。

こういった受付の様子からでも，その会社の社員教育の程度や，新入社員採用に対する熱意とか期待を推し測ることができる。

2. 控え室の様子

控え室が2カ所以上あって，国立大学と私立大学の訪問者とが，別々に案内されているようなことはないか。また，面談の順番を意図的に変えているようなことはないか。これはよくある例で，すでに大半は内定しているということを意味する場合が多い。

3. 社内の雰囲気

社員の話し方，その内容を耳にはさむだけでも，社風が伝わってくる。

4. 面談の様子

何時間も待たせたあげくに，きわめて事務的に，しかも投げやりな質問しかしないような採用担当者である場合，この会社は人事が適正に行われていないということだから，一考したほうがよい。

 ▶ 説明会での質問項目

・質問内容が抽象的でなく，具体性のあるものかどうか。
・質問内容は，現在の社会・経済・政治などの情況を踏まえた，
　大学生らしい高度で専門性のあるものか。
・質問をするのはいいが，「それでは，あなたの意見はどうか」と
　逆に聞かれたとき，自分なりの見解が述べられるものであるか。

提出書類を用意する

　提出する書類は6種類。①〜③が大学に申請する書類，④〜⑥が自分で書く書類だ。大学に申請する書類は一度に何枚も入手しておこう。

①「卒業見込証明書」

②「成績証明書」

③「健康診断書」

④「履歴書」

⑤「エントリーシート」

⑥「会社説明会アンケート」

■自分で書く書類は「自己PR」

　第1次面接に進めるか否かは「自分で書く書類」の出来にかかっている。「履歴書」と「エントリーシート」は会社説明会に行く前に準備しておくもの。「会社説明会アンケート」は説明会の際に書き，その場で提出する書類だ。

01 履歴書とエントリーシートの違い

　Webエントリーを受け付けている企業に資料請求をすると，資料と一緒に「エントリーシート」が送られてくるので，応募サイトのフォームやメールでエントリーシートを送付する。Webエントリーを行っていない企業には，ハガキやメールで資料請求をする必要があるが，「エントリーシート」は履歴書とは異なり，企業が設定した設問に対して回答するもの。すなわちこれが「1次試験」であり，これにパスをした人だけが会社説明会に呼ばれる。

■字はていねいに

字を書くところから，その企業に対する"本気度"は測られている。

■誤字，脱字は厳禁

使用するのは，黒のインク。

■修正液使用は不可

■数字は算用数字

■自分の広告を作るつもりで書く

自分はこういう人間であり，何がしたいかということを簡潔に書く。メリットになることだけで良い。自分に損になるようなことを書く必要はない。

■「やる気」を示す具体的なエピソードを

「私はやる気があります」「私は根気があります」という抽象的な表現だけではNG。それを示すエピソードのようなものを書かなくては意味がない。

─Point─

自己紹介欄の項目はすべて「自己PR」。自分はこういう人間であることを印象づけ，それがさらに企業への「志望動機」につながっていくような書き方をする。

column 履歴書やエントリーシートは，共通でもいい？

「履歴書」や「エントリーシート」は企業によって書き分ける。業種はもちろん，同じ業界の企業であっても求めている人材が違うからだ。各書類は提出前にコピーを取り，さらに出した企業名を忘れずに書いておくことも大切だ。

写真	スナップ写真は不可。 スーツ着用で, 胸から上の物を使用する。ポイントは「清潔感」。 氏名・大学名を裏書きしておく。
日付	郵送の場合は投函する日, 持参する場合は持参日の日付を記入する。
生年月日	西暦は避ける。元号を省略せずに記入する。
氏名	戸籍上の漢字を使う。印鑑押印欄があれば忘れずに押す。
住所	フリガナ欄がカタカナであればカタカナで, 平仮名であれば平仮名で記載する。
学歴	最初の行の中央部に「学□□歴」と2文字程度間隔を空けて, 中学校卒業から大学 (卒業・卒業見込み) まで記入する。 中途退学の場合は, 理由を簡潔に記載する。留年は記入する必要はない。 職歴がなければ, 最終学歴の一段下の行の右隅に, 「以上」と記載する。
職歴	最終学歴の一段下の行の中央部に「職□□歴」と2文字程度間隔を空け記入する。 「株式会社」や「有限会社」など, 所属部門を省略しないで記入する。 「同上」や「〃」で省略しない。 最終職歴の一段下の行の右隅に, 「以上」と記載する。
資格・免許	4級以下は記載しない。学習中のものも記載して良い。 「普通自動車第一種運転免許」など, 省略せずに記載する。
趣味・特技	具体的に (例：読書でもジャンルや好きな作家を) 記入する。
志望理由	その企業の強みや良い所を見つけ出したうえで, 「自分の得意な事」がどう活かせるかなどを考えぬいたものを記入する。
自己PR	応募企業の事業内容や職種にリンクするような, 自分の経験やスキルなどを記入する。
本人希望欄	面接の連絡方法, 希望職種・勤務地などを記入する。「特になし」や空白はNG。
家族構成	最初に世帯主を書き, 次に配偶者, それから家族を祖父母, 兄弟姉妹の順に。続柄は, 本人から見た間柄。兄嫁は, 義姉と書く。
健康状態	「良好」が一般的。

理論編 STEP4 エントリーシートの記入

01 エントリーシートの目的

・応募者を，決められた採用予定者数に絞り込むこと
・面接時の資料にする

の2つ。

■知りたいのは職務遂行能力

採用担当者が学生を見る場合は，「こいつは与えられた仕事をこなせるかどうか」という目で見ている。企業に必要とされているのは仕事をする能力なのだ。

Point

質問に忠実に，"自分がいかにその会社の求める人材に当てはまるか"を
丁寧に答えること。

02 効果的なエントリーシートの書き方

■情報を伝える書き方

課題をよく理解していることを相手に伝えるような気持ちで書く。

■文章力

大切なのは全体のバランスが取れているか。書く前に，何をどれくらいの字数で収めるか計算しておく。

「起承転結」でいえば，「起」は，文章を起こす導入部分。「承」は，起を受けて，その提起した問題に対して承認を求める部分。「転」は，自説を展開する部分。もっともオリジナリティが要求される。「結」は，最後の締めの結論部分。文章の構成・まとめる力で，総合的な能力が高いことをアピールする。

参考 エントリーシートでよく取り上げられる題材と,その出題意図

エントリーシートで求められるものは,「自己PR」「志望動機」「将来どうなりたいか(目指すこと)」の3つに大別される。

1.「自己PR」

自己分析にしたがって作成していく。重要なのは,「なぜそうしようと思ったか?」「○○をした結果,何が変わったのか?何を得たのか?」という"連続性"が分かるかどうかがポイント。

2.「志望動機」

自己PRと一貫性を保ち,業界志望理由と企業志望理由を差別化して表現するように心がける。志望する業界の強みと弱み,志望企業の強みと弱みの把握は基本。

3.「将来の展望」

どんな社員を目指すのか,仕事へはどう臨もうと思っているか,目標は何か,などが問われる。仕事内容を事前に把握しておくだけでなく,5年後の自分,10年後の自分など,具体的な将来像を描いておくことが大切。

表現力,理解力のチェックポイント

❏ 文法,語法が正しいかどうか
❏ 論旨が論理的で一貫しているかどうか
❏ 1センテンスが簡潔かどうか
❏ 表現が統一されているかどうか(「です,ます」調か「だ,である」調か)

01 個人面接

●自由面接法

面接官と受験者のキャラクターやその場の雰囲気，質問と応答の進行具合などによって雑談形式で自由に進められる。

●標準面接法

自由面接法とは逆に，質問内容や評価の基準などがあらかじめ決まっている。実際には自由面接法と併用で，おおまかな質問事項や判定基準，評価ポイントを決めておき，質疑応答の内容上の制限を緩和しておくスタイルが一般的。1次面接などでは標準面接法をとり，2次以降で自由面接法をとる企業も多い。

●非指示面接法

受験者に自由に発言してもらい，面接官は話題を引き出したりするときなど，最小限の質問をするという方法。

●圧迫面接法

わざと受験者の精神状態を緊張させ，受験者がどのような応答をするかを観察し，判定する。受験者は，冷静に対応することが肝心。

02 集団面接

面接の方法は個人面接と大差ないが，面接官がひとつの質問をして，受験者が順にそれに答えるという方法と，面接官が司会役になって，座談会のような形式で進める方法とがある。

座談会のようなスタイルでの面接は，なるべく受験者全員が関心をもっているような話題を取りあげ，意見を述べさせるという方法。この際，司会役以外の面接官は一言も発言せず，判定・評価に専念する。

03 グループディスカッション

　グループディスカッション（以下，GD）の時間は30〜60分程度，1グループの人数は5〜10人程度で，司会は面接官が行う場合や，時間を決めて学生が交替で行うことが多い。面接官は内容については特に指示することはなく，受験者がどのようにGDを進めるかを観察する。

　評価のポイントは，全体的には理解力，表現力，指導性，積極性，協調性など，個別的には性格，知識，適性などが観察される。

　GDの特色は，集団の中での個人ということで，受験者の能力がどの程度のものであるか，また，どのようなことに向いているかを判定できること。受験者は，グループの中における自分の位置を面接官に印象づけることが大切だ。

グループディスカッション方式の面接におけるチェックポイント

- ☐ 全体の中で適切な論点を提供できているかどうか。
- ☐ 問題解決に役立つ知識を持っているか，また提供できているかどうか。
- ☐ もつれた議論を解きほぐし，的はずれの議論を元に引き戻す努力をしているかどうか。
- ☐ グループ全体としての目標をいつも考えているかどうか。
- ☐ 感情的な対立や攻撃をしかけているようなことはないか。
- ☐ 他人の意見に耳を傾け，よい意見には賛意を表し，それを全体に推し広げようという寛大さがあるかどうか。
- ☐ 議論の流れを自然にリードするような主導性を持っているかどうか。
- ☐ 提出した意見が議論の進行に大きな影響を与えているかどうか。

04 面接時の注意点

●控え室

　控え室には，指定された時間の15分前には入室しよう。そこで担当の係から，面接に際しての注意点や手順の説明が行われるので，疑問点は積極的に聞くようにし，心おきなく面接にのぞめるようにしておこう。会社によっては，所定のカードに必要事項を書き込ませたり，お互いに自己紹介をさせたりする場合もある。また，この控え室での行動も細かくチェックして，合否の資料にしている会社もある。

●**入室・面接開始**

　係員がドアの開閉をしてくれる場合もあるが，それ以外は軽くノックして入室し，必ずドアを閉める。そして入口近くで軽く一礼し，面接官か補助員の「どうぞ」という指示で正面の席に進み，ここで再び一礼をする。そして，学校名と氏名を名のって静かに着席する。着席時は，軽く椅子にかけるようにする。

●**面接終了と退室**

　面接の終了が告げられたら，椅子から立ち上がって一礼し，椅子をもとに戻して，面接官または係員の指示を受けて退室する。

　その際も，ドアの前で面接官のほうを向いて頭を下げ，静かにドアを開閉する。控え室に戻ったら，係員の指示を受けて退社する。

05 面接試験の評定基準

●**協調性**

　企業という「集団」では，他人との協調性が特に重視される。

　感情や態度が円満で調和がとれていること，極端に好悪の情が激しくなく，物事の見方や考え方が穏健で中立であることなど，職場での人間関係を円滑に進めていくことのできる人物かどうかが評価される。

●**話し方**

　外観印象的には，言語の明瞭さや応答の態度そのものがチェックされる。小さな声で自信のない発言，乱暴野卑な発言は減点になる。

　考えをまとめたら，言葉を選んで話すくらいの余裕をもって，真剣に応答しようとする姿勢が重視される。軽率な応答をしたり，まして発言に矛盾を指摘されるような事態は極力避け，もしそのような状況になりそうなときは，自分の非を認めてはっきりと謝るような態度を示すべき。

●**好感度**

　実社会においては，外観による第一印象が，人間関係や取引に大きく影響を及ぼす。

　「フレッシュな爽やかさ」に加え，入社志望など，自分の意思や希望をより明確にすることで，強い信念に裏づけられた姿勢をアピールできるよう努力したい。

●**判断力**

何を質問されているのか，何を答えようとしているのか，常に冷静に判断していく必要がある。

●表現力

話に筋道が通り理路整然としているか，言いたいことが簡潔に言えるか，話し方に抑揚があり聞く者に感銘を与えるか，用語が適切でボキャブラリーが豊富かどうか。

●積極性

活動意欲があり，研究心旺盛であること，進んで物事に取り組み，創造的に解決しようとする意欲が感じられること，話し方にファイトや情熱が感じられること，など。

●計画性

見通しをもって順序よく合理的に仕事をする性格かどうか，またその能力の有無。企業の将来性のなかに，自分の将来をどうかみ合わせていこうとしているか，現在の自分を出発点として，何を考え，どんな仕事をしたいのか。

●安定性

情緒の安定は，社会生活に欠くことのできない要素。自分自身をよく知っているか，他の人に流されない信念をもっているか。

●誠実性

自分に対して忠実であろうとしているか，物事に対してどれだけ誠実な考え方をしているか。

●社会性

企業は集団活動なので，自分の考えに固執したり，不平不満が多い性格は向かない。柔軟で適応性があるかどうか。

┌─ Point ──────────────────────────────
清潔感や明朗さ，若々しさといった外観面も重視される。
└──────────────────────────────────────

06 面接試験の質問内容

1. 志望動機

受験先の概要や事業内容はしっかりと頭の中に入れておく。また，その企業の企業活動の社会的意義と，自分自身の志望動機との関連を明確にしておく。「安定している」「知名度がある」「将来性がある」といった利己的な動機，「自

分の性格に合っている」というような，あいまいな動機では説得力がない。安定性や将来性は，具体的にどのような企業努力によって支えられているのかという考察も必要だし，それに対する受験者自身の評価や共感なども問われる。

①どうしてその業種なのか

②どうしてその企業なのか

③どうしてその職種なのか

以上の①〜③と，自分の性格や資質，専門などとの関連性を説明できるようにしておく。

自分がどうしてその会社を選んだのか，どこに大きな魅力を感じたのかを，できるだけ具体的に，情熱をもって語ることが重要。自分の長所と仕事の適性を結びつけてアピールし，仕事のやりがいや仕事に対する興味を述べるのもよい。

■複数の企業を受験していることは言ってもいい？

同じ職種，同じ業種で何社かかけもちしている場合，正直に答えてもかまわない。しかし，「第一志望はどこですか」というような質問に対して，正直に答えるべきかどうかというと，やはりこれは疑問がある。どんな会社でも，他社を第一志望にあげられれば，やはり愉快には思わない。

また，職種や業種の異なる会社をいくつか受験する場合も同様で，極端に性格の違う会社をあげれば，その矛盾を突かれるのは必至だ。

2. 仕事に対する意識・職業観

採用試験の段階では，次年度の配属予定が具体的に固まっていない会社もかなりある。具体的に職種や部署などを細分化して募集している場合は別だが，そうでない場合は，希望職種をあまり狭く限定しないほうが賢明。どの業界においても，採用後，新入社員には，研修としてその会社の各セクションをひと通り経験させる企業は珍しくない。そのうえで，具体的な配属計画を検討するのだ。

大切なことは，就職や職業というものを，自分自身の生き方の中にどう位置づけるか，また，自分の生活の中で仕事とはどういう役割を果たすのかを考えてみること。つまり自分の能力を活かしたい，社会に貢献したい，自分の存在価値を社会的に実現してみたい，ある分野で何か自分の力を試してみたい……，などの場合を考え，それを自分自身の人生観，志望職種や業種などとの関係を考えて組み立ててみる。自分の人生観をもとに，それを自分の言葉で表現できるようにすることが大切。

3. 自己紹介・自己PR

性格そのものを簡単に変えたり，欠点を克服したりすることは実際には難しいが，“仕方がない”という姿勢を見せることは禁物で，どんなささいなことでも，努力している面をアピールする。また一般的にいって，専門職を除けば，就職時になんらかの資格や技能を要求する企業は少ない。

ただ，資格をもっていれば採用に有利とは限らないが，専門性を要する業種では考慮の対象とされるものもある。たとえば英検，簿記など。

企業が学生に要求しているのは，4年間の勉学を重ねた学生が，どのように仕事に有用であるかということで，学生の知識や学問そのものを聞くのが目的ではない。あくまで，社会人予備軍としての謙虚さと素直さを失わないようにする。

知識や学力よりも，その人の人間性，ビジネスマンとしての可能性を重視するからこそ，面接担当者は，学生生活全般について尋ねることで，書類だけでは分からない人間性を探ろうとする。

何かうち込んだものや思い出に残る経験などは，その人の人間的な成長になんらかの作用を及ぼしているものだ。どんな経験であっても，そこから受けた印象や教訓などは，明確に答えられるようにしておきたい。

4. 一般常識・時事問題

一般常識・時事問題については筆記試験の分野に属するが，面接でこうしたテーマがもち出されることも珍しくない。受験者がどれだけ社会問題に関心をもっているか，一般常識をもっているか，また物事の見方・考え方に偏りがないかなどを判定する。知識や教養だけではなく，一問一答の応答を通じて，その人の性格や適応能力まで判断されることになる。

07 面接に向けての事前準備

■面接試験1カ月前までには万全の準備をととのえる

●志望会社・職種の研究

新聞の経済欄や経済雑誌などのほか，会社年鑑，株式情報など書物による研究をしたり，インターネットにあがっている企業情報や，検索によりさまざまな角度から調べる。すでにその会社へ就職している先輩や知人に会って知識を得たり，大学のキャリアセンターへ情報を求めるなどして総合的に判断する。

■専攻科目の知識・卒論のテーマなどの整理

大学時代にどれだけ勉強してきたか，専攻科目や卒論のテーマなどを整理しておく。

■**時事問題に対する準備**

毎日欠かさず新聞を読む。志望する企業の話題は，就職ノートに整理するなどもアリ。

面接当日の必需品

- □必要書類（履歴書，卒業見込証明書，成績証明書，健康診断書，推薦状）
- □学生証
- □就職ノート（志望企業ファイル）
- □印鑑，朱肉
- □筆記用具（万年筆，ボールペン，サインペン，シャープペンなど）
- □手帳，ノート
- □地図（訪問先までの交通機関などをチェックしておく）
- □現金（小銭も用意しておく）
- □腕時計（オーソドックスなデザインのもの）
- □ハンカチ，ティッシュペーパー
- □くし，鏡（女性は化粧品セット）
- □シューズクリーナー
- □ストッキング
- □折りたたみ傘（天気予報をチェックしておく）
- □携帯電話，充電器

STEP6 筆記試験の種類

■一般常識試験

社会人として企業活動を行ううえで最低限必要となる一般常識のほか，
英語，国語，社会(時事問題)，数学などの知識の程度を確認するもの。

　難易度はおおむね中学・高校の教科書レベル。一般常識の問題集を1冊やっておけばよいが，業界によっては専門分野が出題されることもあるため，必ず志望する企業のこれまでの試験内容は調べておく。

■一般常識試験の対策

・**英語**　慣れておくためにも，教科書を復習する，英字新聞を読むなど。
・**国語**　漢字，四字熟語，反対語，同音異義語，ことわざをチェック。
・**時事問題**　新聞や雑誌，テレビ，ネットニュースなどアンテナを張っておく。

■適性検査

　SPI（Synthetic Personality Inventory）試験（SPI3試験）とも呼ばれ，能力テストと性格テストを合わせたもの。

　能力テストでは国語能力を測る「言語問題」と，数学能力を測る「非言語問題」がある。言語的能力，知覚能力，数的能力のほか，思考・推理能力，記憶力，注意力などの問題で構成されている。

　性格テストは「はい」か「いいえ」で答えていく。仕事上の適性と性格の傾向などが一致しているかどうかをみる。

SPIは職務への適応性を客観的にみるためのもの。

01 「論文」と「作文」

　一般に「論文」はあるテーマについて自分の意見を述べ，その論証をする文章で，必ず意見の主張とその論証という2つの部分で構成される。問題提起と論旨の展開，そして結論を書く。

　「作文」は，一般的には感想文に近いテーマ，たとえば「私の興味」「将来の夢」といったものがある。

　就職試験では「論文」と「作文」を合わせた"論作文"とでもいうようなものが出題されることが多い。

　論作文試験とは，「文章による面接」。テーマに書き手がどういう態度を持っているかを知ることが，出題の主な目的だ。受験者の知識・教養・人生観・社会観・職業観，そして将来への希望などが，どのような思考を経て，どう表現されているかによって，企業にとって，必要な人物かどうかを判断している。

　論作文の場合には，書き手の社会的意識や考え方に加え，「感銘を与える」働きが要求される。就職活動とは，企業に対し「自分をアピールすること」だということを常に念頭に置いておきたい。

Point

論文と作文の違い

	論　文	作　文
テーマ	学術的・社会的・国際的なテーマ。時事，経済問題など	個人的・主観的なテーマ。人生観，職業観など
表現	自分の意見や主張を明確に述べる。	自分の感想を述べる。
展開	四段型（起承転結）の展開が多い。	三段型（はじめに・本文・結び）の展開が多い。
文体	「だ調・である調」のスタイルが多い。	「です調・ます調」のスタイルが多い。

02 採点のポイント

・テーマ

与えられた課題（テーマ）を、受験者はどのように理解しているか。

出題されたテーマの意義をよく考え、それに対する自分の意見や感情が、十分に整理されているかどうか。

・表現力

課題について本人が感じたり、考えたりしたことを、文章で的確に表しているか。

・字・用語・その他

かなづかいや送りがなが合っているか、文中で引用されている格言やことわざの類が使用法を間違えていないか、さらに誤字・脱字に至るまで、文章の基本的な力が受験者の人柄ともからんで厳密に判定される。

・オリジナリティ

魅力がある文章とは、オリジナリティを率直に出すこと。自分の感情や意見を、自分の言葉で表現する。

・生活態度

文章は、書き手の人格や人柄を映し出す。平素の社会的関心や他人との協調性、趣味や読書傾向はどうであるかといった、受験者の日常における生き方、生活態度がみられる。

・字の上手・下手

できるだけ読みやすい字を書く努力をする。また、制限字数より文章が長くなって原稿用紙の上下や左右の空欄に書き足したりすることは避ける。消しゴムで消す場合にも、丁寧に。

いずれの場合でも、表面的な文章力を問うているのではなく、受験者の人柄のほうを重視している。

マナーチェックリスト

就活において企業の人事担当は，面接試験やOG／OB訪問，そして面接試験において，あなたのマナーや言葉遣いといった，「常識力」をチェックしている。現在の自分はどのくらい「常識力」が身についているかをチェックリストで振りかえり，何ができて，何ができていないかを明確にしたうえで，今後の取り組みに生かしていこう。

評価基準　5：大変良い　4：やや良い　3：どちらともいえない　2：やや悪い　1：悪い

	項　目	評　価	メ　モ
挨拶	明るい笑顔と声で挨拶をしているか		
	相手を見て挨拶をしているか		
	相手より先に挨拶をしているか		
	お辞儀を伴った挨拶をしているか		
	直接の応対者でなくても挨拶をしているか		
表情	笑顔で応対しているか		
	表情に私的感情がでていないか		
	話しかけやすい表情をしているか		
	相手の話は真剣な顔で聞いているか		
身だしなみ	前髪は目にかかっていないか		
	髪型は乱れていないか／長い髪はまとめているか		
	髭の剃り残しはないか／化粧は健康的か		
	服は汚れていないか／清潔に手入れされているか		
	機能的で職業・立場に相応しい服装をしているか		
	華美なアクセサリーはつけていないか		
	爪は伸びていないか		
	靴下の色は適当か／ストッキングの色は自然な肌色か		
	靴の手入れは行き届いているか		
	ポケットに物を詰めすぎていないか		

	項　目	評　価	メ　モ
言葉遣い	専門用語を使わず，相手にわかる言葉で話しているか		
	状況や相手に相応しい敬語を正しく使っているか		
	相手の聞き取りやすい音量・速度で話しているか		
	語尾まで丁寧に話しているか		
	気になる言葉癖はないか		
動作	物の授受は両手で丁寧に実施しているか		
	案内・指し示し動作は適切か		
	キビキビとした動作を心がけているか		
心構え	勤務時間・指定時間の５分前には準備が完了しているか		
	心身ともに健康管理をしているか		
	仕事とプライベートの切替えができているか		

☑ 常に自己点検をするクセをつけよう

「人を表情やしぐさ，身だしなみなどの見かけで判断してはいけない」と一般にいわれている。確かに，人の個性は見かけだけではなく，内面においても見いだされるもの。しかし，私たちは人を第一印象である程度決めてしまう傾向がある。それが面接試験など初対面の場合であればなおさらだ。したがって，チェックリストにあるような挨拶，表情，身だしなみ等に注意して面接試験に臨むことはとても重要だ。ただ，これらは面接試験前にちょっと対策したからといって身につくようなものではない。付け焼き刃的な対策をして面接試験に臨んでも，面接官はあっという間に見抜いてしまう。日頃からチェックリストにあるような項目を意識しながら行動することが大事であり，そうすることで，最初はぎこちない挨拶や表情等も，その人の個性に応じたすばらしい所作へ変わっていくことができるのだ。さっそく，本日から実行してみよう。

面接試験において，印象を決定づける表情はとても大事。
どのようにすれば感じのいい表情ができるのか，ポイントを確認していこう。

明るく,温和で
柔らかな表情をつくろう

人間関係の潤滑油

表情に関しては，まずは豊かである
ということがベースになってくる。う
れしい表情，困った表情，驚いた表
情など，さまざまな気持ちを表現で
きるということが，人間関係を潤いの
あるものにしていく。

Point

　表情はコミュニケーションの大前提。相手に「いつでも話しかけてくださ
いね」という無言の言葉を発しているのが，就活に求められる表情だ。面接
官が安心してコミュニケーションをとろうと思ってくれる表情。それが，明
るく，温和で柔らかな表情となる。

いますぐデキる
カンタンTraining

Training 01

喜怒哀楽を表してみよう

- ・人との出会いを楽しいと思うことが表情の基本
- ・表情を豊かにする大前提は相手の気持ちに寄り添うこと
- ・目元・口元だけでなく，眉の動きを意識することが大事

Training 02

表情筋のストレッチをしよう

- ・表情筋は「ウイスキー」の発音によって鍛える
- ・意識して毎日，取り組んでみよう
- ・笑顔の共有によって相手との距離が縮まっていく

コミュニケーションは挨拶から始まり，その挨拶ひとつで印象は変わるもの。
ポイントを確認していこう。

丁寧にしっかりと
はっきり挨拶をしよう

人間関係の第一歩

挨拶は心を開いて，相手に近づくコ
ミュニケーションの第一歩。たかが
挨拶，されど挨拶の重要性をわきま
えて，きちんとした挨拶をしよう。形，
つまり"技"も大事だが，心をこめ
ることが最も重要だ。

Point

　挨拶はコミュニケーションの第一歩。相手が挨拶するのを待っているの
は望ましくない。挨拶の際のポイントは丁寧であることと，はっきり声に出
すことの2つ。丁寧な挨拶は，相手を大事にして迎えている気持ちの表れ
となる。はっきり声に出すことで，これもきちんと相手を迎えていることが
伝わる。また，相手もその応答として挨拶してくれることで，会ってすぐに
双方向のコミュニケーションが成立する。

いますぐデキる
カンタンTraining

Training **01**

３つのお辞儀をマスターしよう

 ① 会釈（15度）　② 敬礼（30度）　③ 最敬礼（45度）

- 息を吸うことを意識してお辞儀をするとキレイな姿勢に
- 目線は真下ではなく，床前方1.5m先ぐらいを見よう
- 相手への敬意を忘れずに

Training **02**

対面時は言葉が先，お辞儀が後

- 相手に体を向けて先に自ら挨拶をする
- 挨拶時，相手とアイコンタクトを
  しっかり取ろう
- 挨拶の後に，お辞儀をする。
  これを「語先後礼」という

コミュニケーションは「話す」よりも「聞く」ことといわれる。相手が話しやすい聞き方の，ポイントを確認しよう。

受容の立場で
傾聴しよう

相手の話を受けとめる

話を聞くときは，やや前に傾く姿勢をとる。表情と姿勢が合わさることにより，話し手の心が開き「あれも，これも話そう」という気持ちになっていく。また，「はい」と一度のお辞儀で頷くと相手の話を受け止めているというメッセージにつながる。

Point

　話をすること，話を聞いてもらうことは誰にとってもプレッシャーを伴うもの。そのため，「何でも話して良いんですよ」「何でも話を聞きますよ」「心配しなくて良いんですよ」という気持ちで聞くことが大切になる。その気持ちが聞く姿勢に表れれば，相手は安心して話してくれる。

カンタンTraining

Training 01
頷きは一度で

- 相手が話した後に「はい」と
  一言発する
- 頷きすぎは逆効果

Training 02
目線は自然に

- 鼻の付け根あたりを見ると
  自然な印象に
- 目を見つめすぎるのはNG

Training 03
話の句読点で視線を移す

- 視線は話している人を見ることが基本
- 複数の人の話を聞くときは句読点を意識し，
  視線を振り分けることで聞く姿勢を表す

自分の意思を相手に明確に伝えるためには，話し方が重要となる。はっきりと的確に話すためのポイントを確認しよう。

明るい発声を
心がけよう

ボリュームを意識して

話すときのポイントとしては，ボリュームを意識することが挙げられる。会議室の一番奥にいる人に声が届くように意識することで，声のボリュームはコントロールされていく。

Point

コミュニケーションとは「伝達」すること。どのようなことも，適当に伝えるのではなく，伝えるべきことがきちんと相手に届くことが大切になる。そのためには，はっきりと，分かりやすく，丁寧に，心を込めて話すこと。言葉だけでなく，表情やジェスチャーを加えることも有効。

いますぐデキる
カンタンTraining

Training 01
腹式呼吸で発声練習

- 「あえいうえおあお」と発声する
- 腹式呼吸は，胸部をなるべく動かさずに，息を吸うときにお腹や腰が膨らむよう意識する呼吸法

Training 02
早口言葉にチャレンジ

おあやや
母親に
お謝り

- 「おあやや，母親に，お謝り」と早口で
- 口がすぼまった「お」と口が開いた「あ」の発音に，変化をつけられるかがポイント

Training 03
ジェスチャーを有効活用

- 腰より上でジェスチャーをする
- 体から離した位置に手をもっていく
- ジェスチャーをしたら戻すところをさだめておく

身だしなみはその人自身を表すもの。身だしなみの基本について，ポイントを確認しよう。

清潔感,さわやかさを醸し出せるようにしよう

プロの企業人にふさわしい身だしなみを

信頼感，安心感をもたれる身だしなみを考えよう。TPOに合わせた服装は，すなわち"礼"を表している。そして，身だしなみには，「清潔感」，「品のよさ」，「控え目である」という，3つのポイントがある。

Point

相手との心理的な距離や物理的な距離が遠ければ，コミュニケーションは成立しにくくなる。見た目が不潔では誰も近付いてこない。身だしなみが清潔であること，爽やかであることは相手との距離を縮めることにも繋がる。

いますぐデキる
カンタンTraining

Training 01

髪型，服装を整えよう

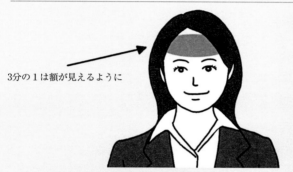

3分の1は額が見えるように

- 男性も女性も眉が見える髪型が望ましい。3分の1は額が見えるように。額は知性と清潔感を伝える場所。男性の髪の長さは耳や襟にかからないように
- スーツで相手の前に立つときは，ボタンはすべて留める。男性の場合は下のボタンは外す

Training 02

おしゃれとの違いを明確に

- 爪はできるだけ切りそろえる
- 爪の中の汚れにも注意
- ジェルネイル，ネイルアートはNG

Training 03

足元にも気を配って

- 女性の場合はパンプス，男性の場合は黒の紐靴が望ましい
- 靴はこまめに汚れを落とし見栄えよく

姿勢にはその人の意欲が反映される。前向き，活動的な姿勢を表すにはどうしたらよいか，ポイントを確認しよう。

前向き,活動的な 姿勢を維持しよう

一直線と左右対称

正しい立ち姿として，耳，肩，腰，くるぶしを結んだ線が一直線に並んでいることが最大のポイントになる。そのラインが直線に近づくほど立ち姿がキレイに整っていることになる。また，"左右対称"というのもキレイな姿勢の要素のひとつになる。

Point

　姿勢は，身体と心の状態を反映するもの。そのため，良い姿勢でいることは，印象が清々しいだけでなく，健康で元気そうに見え，話しかけやすさにも繋がる。歩く姿勢，立つ姿勢，座る姿勢など，どの場面にも心身の健康状態が表れるもの。日頃から心身の健康状態に気を配り，フィジカルとメンタル両面の自己管理を心がけよう。

いますぐデキる
カンタンTraining

Training 01

キレイな歩き方を心がけよう

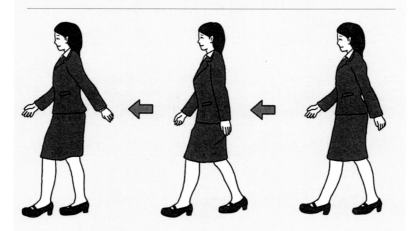

・女性は1本の線上を，男性はそれよりも太い線上を沿うように歩く
・一歩踏み出したときに前の足に体重を乗せるように，腰から動く
・12時の方向につま先をもっていく

Training 02

前向きな気持ちを持とう

・常に前向きな気持ちが姿勢を正す
・ポジティブ思考を心がけよう

言葉遣いの正しさはとは，場面にあった言葉を遣うということ。相手を気づかいながら，言葉を選ぶことで，より正しい言葉に近づいていく。

相手と場面に合わせた
ふさわしい言葉遣いを

次の文は接客の場面でよくある間違えやすい敬語です。
それぞれの言い方は○×どちらでしょうか。

問1 「資料をご拝読いただきありがとうございます」

問2 「こちらのパンフレットはもういただかれましたか？」

問3 「恐れ入りますが，こちらの用紙にご記入してください」

問4 「申し訳ございませんが，来週，休ませていただきます」

問5 「先ほどの件，帰りましたら上司にご報告いたしますので」

Point

　ビジネスのシーンに敬語は欠くことができない。何度もやり取りをしていく中で，親しさの度合いによっては，あえてくだけた表現を用いることもあるが，「親しき仲にも礼儀あり」と言われるように，敬意や心づかいをおろそかにしてはいけないもの。相手に誤解されたり，相手の気分を壊すことのないように，相手や場面にふさわしい言葉遣いが大切になる。

問1 （×） ○正しい言い換え例

→「ご覧いただきありがとうございます」など

「拝読」は自分が「読む」意味の謙譲語なので，相手の行為に使うのは誤り。読むと見るは同義なため，多く，見るの尊敬語「ご覧になる」が用いられる。

問2 （×） ○正しい言い換え例

→「お持ちですか」「お渡ししましたでしょうか」 など

「いただく」は，食べる・飲む・もらうの謙譲語。「もらったかどうか」と聞きたいのだから，「おもらいになりましたか」と言えないこともないが，持っているかどうか，受け取ったかどうかという意味で「お持ちですか」などが使われることが多い。また，自分側が渡すような場合は，「お渡しする」を使って「お渡ししましたでしょうか」などの言い方に換えることもできる。

問3 （×） ○正しい言い換え例

→「恐れ入りますが，こちらの用紙にご記入ください」など

「ご記入する」の「お（ご）〜する」は謙譲語の形。相手の行為を謙譲語で表すことになるため誤り。「して」を取り除いて「ご記入ください」か，和語に言い換えて「お書きください」とする。ほかにも「お書き／ご記入・いただけますでしょうか・願います」などの表現もある。

問4 （△）

有給休暇を取る場合や，弔事等で休むような場面で，用いられることも多い。「休ませていただく」ということで一見丁寧に響くが，「来週休むと自分で休みを決めている」という勝手な表現にも受け取られかねない言葉だ。ここは同じ「させていただく」を用いても，相手の都合をうかがう言い方に換えて「○○がございまして，申し訳ございませんが，休みをいただいてもよろしいでしょうか」などの言い換えが好ましい。

問5 （×）○正しい言い換え例

→「上司に報告いたします」

「ご報告いたします」は，ソトの人との会話で使うとするならば誤り。「ご報告いたします」の「お・ご〜いたす」は，「お・ご〜する」と「〜いたす」という2つの敬語を含む言葉。そのうちの「お・ご〜する」は，主語である自分を低めて相手＝上司を高める働きをもつ表現（謙譲語Ⅰ）。一方「〜いたす」は，主語の私を低めて，話の聞き手に対して丁重に述べる働きをもつ表現（謙譲語Ⅱ 丁重語）。「お・ご〜する」も「〜いたす」も同じ謙譲語であるため紛らわしいが，主語を低める（謙譲）という働きは同じでも，行為の相手を高める働きがあるかないかという点に違いがあるといえる。

敬語は正しく使用することで，相手の印象を大きく変えることができる。尊敬語，謙譲語の区別をはっきりつけて，誤った用法で話すことのないように気をつけよう。

言葉の使い方が
マナーを表す!

■よく使われる尊敬語の形 「言う・話す・説明する」の例

専用の尊敬語型	おっしゃる
～れる・～られる型	言われる・話される・説明される
お（ご）～になる型	お話しになる・ご説明になる
お（ご）～なさる型	お話しなさる・ご説明なさる

■よく使われる謙譲語の形 「言う・話す・説明する」の例

専用の謙譲語型	申す・申し上げる
お（ご）～する型	お話しする・ご説明する
お（ご）～いたす型	お話しいたします・ご説明いたします

Point

　同じ尊敬語・謙譲語でも，よく使われる代表的な形がある。ここではその一例をあげてみた。敬語の使い方に迷ったときなどは，まずはこの形を思い出すことで，大抵の語はこの型にはめ込むことができる。同じ言葉を用いたほうがよりわかりやすいといえるので，同義に使われる「言う・話す・説明する」を例に考えてみよう。
　ほかにも「お話しくださる」や「お話しいただく」「お元気でいらっしゃる」などの形もあるが，まずは表の中の形を見直そう。

なお，尊敬語の中の「言われる」などの「れる・られる」を付けた形は省力している。

基本	尊敬語（相手側）	謙譲語（自分側）
会う	お会いになる	お目にかかる・お会いする
言う	おっしゃる	申し上げる・申す
行く・来る	いらっしゃる おいでになる お見えになる お越しになる お出かけになる	伺う・参る お伺いする・参上する
いる	いらっしゃる・おいでになる	おる
思う	お思いになる	存じる
借りる	お借りになる	拝借する・お借りする
聞く	お聞きになる	拝聴する 拝聞する お伺いする・伺う お聞きする
知る	ご存じ（知っているという意で）	存じ上げる・存じる
する	なさる	いたす
食べる・飲む	召し上がる・お召し上がりになる お飲みになる	いただく・頂戴する
見る	ご覧になる	拝見する
読む	お読みになる	拝読する

「お伺いする」「お召し上がりになる」などは，「伺う」「召し上がる」自体が敬語なので「二重敬語」ですが，慣習として定着しており間違いではないもの。

Point

　上記の「敬語表」は，よく使うと思われる動詞をそれぞれ尊敬語・謙譲語で表したもの。このように大体の言葉は型にあてはめることができる。言葉の中には「お（ご）」が付かないものもあるが，その場合でも「〜なさる」を使って，「スピーチなさる」や「運営なさる」などと言うことができる。また，表では，「言う」の尊敬語「言われる」の例は省いているが，れる・られる型の「言われる」よりも「おっしゃる」「お話しになる」「お話しなさる」などの言い方のほうが，より敬意も高く，言葉としても何となく響きが落ち着くといった印象を受けるものとなる。

実践編 STEP9　会話力

会話は相手があってのこと。いかなる場合でも，相手に対する心くばりを忘れないことが，会話をスムーズに進めるためのコツになる。

心くばりを添えるひと言で
言葉の印象が変わる!

　相手に何かを頼んだり，また相手の依頼を断ったり，相手の抗議に対して反論したりする場面では，いきなり自分の意見や用件を切り出すのではなく，場面に合わせて心くばりを伝えるひと言を添えてから本題に移ると，響きがやわらかくなり，こちらの意向も伝えやすくなる。俗にこれは「クッション言葉」と呼ばれている。（右表参照）

Point

　ビジネスの場面で，相手と話したり手紙やメールを送る際には，何か依頼事があってという場合が多いもの。その場合に「ちょっとお願いなんですが…」では，ふだんの会話と変わりがないものになってしまう。そこを「突然のお願いで恐れ入りますが」「急にご無理を申しまして」「こちらの勝手で恐縮に存じますが」「折り入ってお願いしたいことがございまして」などの一言を添えることで，直接的なきつい感じが和らぐだけでなく，「申し訳ないのだけれど，もしもそうしていただくことができればありがたい」という，相手への配慮や願いの気持ちがより強まる。このような前置きの言葉もうまく用いて，言葉に心くばりを添えよう。

相手の意向を尋ねる場合	「よろしければ」「お差し支えなければ」 「ご都合がよろしければ」「もしお時間がありましたら」 「もしお嫌いでなければ」「ご興味がおありでしたら」
相手に面倒を かけてしまうような場合	「お手数をおかけしますが」 「ご面倒をおかけしますが」 「お手を煩わせまして恐縮ですが」 「お忙しい時に申し訳ございませんが」 「お時間を割いていただき申し訳ありませんが」 「貴重なお時間を頂戴し恐縮ですが」
自分の都合を 述べるような場合	「こちらの勝手で恐縮ですが」 「こちらの都合(ばかり)で申し訳ないのですが」 「私どもの都合ばかりを申しまして,まことに申し訳な く存じますが」 「ご無理を申し上げまして恐縮ですが」
急な話をもちかけた場合	「突然のお願いで恐れ入りますが」 「急にご無理を申しまして」 「もっと早くにご相談申し上げるべきところでございま したが」 「差し迫ってのことでまことに申し訳ございませんが」
何度もお願いする場合	「たびたびお手数をおかけしまして恐縮に存じますが」 「重ね重ね恐縮に存じますが」 「何度もお手を煩わせまして申し訳ございませんが」 「ご面倒をおかけしてばかりで,まことに申し訳ござい ませんが」
難しいお願いをする場合	「ご無理を承知でお願いしたいのですが」 「たいへん申し上げにくいのですが」 「折り入ってお願いしたいことがございまして」
あまり親しくない相手に お願いする場合	「ぶしつけなお願いで恐縮ですが」 「ぶしつけながら」 「まことに厚かましいお願いでございますが」
相手の提案・誘いを断る場合	「申し訳ございませんが」 「(まことに)残念ながら」 「せっかくのご依頼ではございますが」 「たいへん恐縮ですが」 「身に余るお言葉ですが」 「まことに失礼とは存じますが」 「たいへん心苦しいのですが」 「お引き受けしたいのはやまやまですが」
問い合わせの場合	「つかぬことをうかがいますが」 「突然のお尋ねで恐縮ですが」

ここでは文章の書き方における，一般的な敬称について言及している。はがき，手紙，メール等，通信手段はさまざま。それぞれの特性をふまえて有効活用しよう。

相手の気持ちになって
見やすく美しく書こう

■敬称のいろいろ

敬称	使う場面	例
様	職名・役職のない個人	（例）飯田知子様／ご担当者様／経理部長　佐藤一夫様
殿	職名・組織名・役職のある個人（公用文など）	（例）人事部長殿／教育委員会殿／田中四郎殿
先生	職名・役職のない個人	（例）松井裕子先生
御中	企業・団体・官公庁などの組織	（例）○○株式会社御中
各位	複数あてに同一文書を出すとき	（例）お客様各位／会員各位

Point

　　封筒・はがきの表書き・裏書きは縦書きが基本だが，洋封筒で親しい人にあてる場合は，横書きでも問題ない。いずれにせよ，定まった位置に，丁寧な文字でバランス良く，正確に記すことが大切。特に相手の住所や名前を乱雑な文字で書くのは，配達の際の間違いを引き起こすだけでなく，受け取る側に不快な思いをさせる。相手の気持ちになって，見やすく美しく書くよう心がけよう。

■各通信手段の長所と短所

	長所	短所	用途
封書	・封を開けなければ本人以外の目に触れることがない。 ・丁寧な印象を受ける。	・多量の資料・画像送付には不向き。 ・相手に届くまで時間がかかる。	・儀礼的な文書(礼状・わび状など) ・目上の人あての文書 ・重要な書類 ・他人に内容を読まれたくない文書
はがき・カード	・封書よりも気軽にやり取りできる。 ・年賀状や季節の便り、旅先からの連絡など絵はがきとしても楽しむことができる。	・封に入っていないため，第三者の目に触れることがある。 ・中身が見えるので，改まった礼状やわび状，こみ入った内容には不向き。 ・相手に届くまで時間がかかる。	・通知状　　　・案内状 ・送り状　　　・旅先からの便り ・各種お祝い　・お礼 ・季節の挨拶
FAX	・手書きの図やイラストを文章といっしょに送れる。 ・すぐに届く。 ・控えが手元に残る。	・多量の資料の送付には不向き。 ・事務的な用途で使われることが多く，改まった内容の文書，初対面の人へは不向き。	・地図，イラストの入った文書 ・印刷物（本・雑誌など）
電話	・急ぎの連絡に便利。 ・相手の反応をすぐに確認できる。 ・直接声が聞けるので，安心感がある。	・連絡できる時間帯が制限される。 ・長々としたこみ入った内容は伝えづらい。	・緊急の用件 ・確実に用件を伝えたいとき
メール	・瞬時に届く。　・控えが残る。 ・コストが安い。 ・大容量の資料や画像をデータで送ることができる。 ・一度に大勢の人に送ることができる。 ・相手の居場所や状況を気にせず送れる。	・事務的な印象を与えるので，改まった礼状やわび状には不向き。 ・パソコンや携帯電話を持っていない人には送れない。 ・ウィルスなどへの対応が必要。	・データで送りたいとき ・ビジネス上の連絡

Point

　はがきは手軽で便利だが，おわびやお願い，格式を重んじる手紙には不向きとなる。この種の手紙は内容もこみ入ったものとなり，加えて丁寧な文章で書かなければならないので，数行で済むことはまず考えられない。また，封筒に入っていないため，他人の目に触れるという難点もある。このように，はがきにも長所と短所があるため，使う場面や相手によって，他の通信手段と使い分けることが必要となる。

　はがき以外にも，封書・電話・FAX・メールなど，現代ではさまざまな通信手段がある。上に示したように，それぞれ長所と短所があるので，特徴を知って用途によって上手に使い分けよう。

　社会人のマナーとして，電話応対のスキルは必要不可欠。まずは失礼なく電話に出ることからはじめよう。積極性が重要だ。

相手の顔が見えない分
対応には細心の注意を

■電話をかける場合

①　○○先生に電話をする

× 「私，□□社の××と言いますが，○○様はおられますでしょうか？」

○ 「××と申しますが，○○様はいらっしゃいますか？」

「おられますか」は「おる」を謙譲語として使うため，通常は相手がいるかどうかに関しては，「いらっしゃる」を使うのが一般的。

②　相手の状況を確かめる

× 「こんにちは，××です，先日のですね…」

○ 「××です，先日は有り難うございました，今お時間よろしいでしょうか？」

相手が忙しくないかどうか，状況を聞いてから話を始めるのがマナー。また，やむを得ず夜間や早朝，休日などに電話をかける際は，「夜分（朝早く）に申し訳ございません」「お休みのところ恐れ入ります」などのお詫びの言葉もひと言添えて話す。

③　相手が不在，何時ごろ戻るかを聞く場合

× 「戻りは何時ごろですか？」

○ 「何時ごろお戻りになりますでしょうか？」

「戻り」はそのままの言い方，相手にはきちんと尊敬語を使う。

④　また自分からかけることを伝える

× 「そうですか，ではまたかけますので」

○ 「それではまた後ほど（改めて）お電話させていただきます」

戻る時間がわかる場合は，「またお戻りになりましたころにでも」「また午後にでも」などの表現もできる。

① 電話を取ったら

× 「はい，もしもし，○○（社名）ですが」

○ 「はい，○○（社名）でございます」

② 相手の名前を聞いて

× 「どうも，どうも」

○ 「いつもお世話になっております」

あいさつ言葉として定着している決まり文句ではあるが，日頃のお付き合いがあってこそ。あいさつ言葉もきちんと述べよう。「お世話様」という言葉も時折耳にするが，敬意が軽い言い方となる。適切な言葉を使い分けよう。

③ 相手が名乗らない

× 「どなたですか？」「どちらさまですか？」

○ 「失礼ですが，お名前をうかがってもよろしいでしょうか？」

名乗るのが基本だが，尋ねる態度も失礼にならないように適切な応対を心がけよう。

④ 電話番号や住所を教えてほしいと言われた場合

× 「はい，いいでしょうか？」　　× 「メモのご用意は？」

○ 「はい，申し上げます，よろしいでしょうか？」

「メモのご用意は？」は，一見親切なようにも聞こえるが，尋ねる相手も用意していることがほとんど。押し付けがましくならない程度に。

⑤ 上司への取次を頼まれた場合

× 「はい，今代わります」　　× 「○○部長ですね，お待ちください」

○ 「部長の○○でございますね，ただいま代わりますので，少々お待ちくださいませ」

○○部長という表現は，相手側の言い方となる。自分側を述べる場合は，「部長の○○」「○○」が適切。

Point

自分から電話をかける場合は，まずは自分の会社名や氏名を名乗るのがマナー。たとえ目的の相手が直接出た場合でも，電話では相手の様子が見えないことがほとんど。自分の勝手な判断で話し始めるのではなく，相手の都合を伺い，そのうえで話を始めるのが社会人として必要な気配りとなる。

デキるオトナをアピール

時候の挨拶

月	漢語調の表現 候，みぎりなどを付けて用いられます	口語調の表現
1月 （睦月）	初春・新春・頌春・小寒・大寒・厳寒	皆様におかれましては，よき初春をお迎えのことと存じます／厳しい寒さが続いております／珍しく暖かな寒の入りとなりました／大寒という言葉通りの厳しい寒さでございます
2月 （如月）	春寒・余寒・残寒・立春・梅花・向春	立春とは名ばかりの寒さ厳しい毎日でございます／梅の花もちらほらとふくらみ始め，春の訪れを感じる今日この頃です／春の訪れが待ち遠しいのごろでございます
3月 （弥生）	早春・浅春・春寒・春分・春暖	寒さもようやくゆるみ，日ましに春めいてまいりました／ひと雨ごとに春めいてまいりました／日増しに暖かさが加わってまいりました
4月 （卯月）	春暖・陽春・桜花・桜花爛漫	桜花爛漫の季節を迎えました／春光うららかな好季節となりました／花冷えとでも申しましょうか，何だか肌寒い日が続いております
5月 （皐月）	新緑・薫風・惜春・晩春・立夏・若葉	風薫るさわやかな季節を迎えました／木々の緑が目にまぶしいようでございます／目に青葉，山ほととぎす，初鰹の句も思い出される季節となりました
6月 （水無月）	梅雨・向暑・初夏・薄暑・麦秋	初夏の風もさわやかな毎日でございます／梅雨前線が近づいてまいりました／梅雨の晴れ間にのぞく青空は，まさに夏を思わせるようです
7月 （文月）	盛夏・大暑・炎暑・酷暑・猛暑	梅雨が明けたとたん，うだるような暑さが続いております／長い梅雨も明け，いよいよ本格的な夏がやってまいりました／風鈴の音がわずかに涼を運んでくれているようです
8月 （葉月）	残暑・晩夏・処暑・秋暑	立秋とはほんとうに名ばかりの厳しい暑さの毎日です／残暑たえがたい毎日でございます／朝夕はいくらかしのぎやすくなってまいりました
9月 （長月）	初秋・新秋・爽秋・新涼・清涼	九月に入りましてもなお，日差しの強い毎日です／暑さもやっとおとろえはじめたようでございます／残暑も去り，ずいぶんとしのぎやすくなってまいりました
10月 （神無月）	清秋・錦秋・秋涼・秋冷・寒露	秋風もさわやかな過ごしやすい季節となりました／街路樹の葉も日ごとに色を増しております／紅葉の便りの聞かれるころとなりました／秋深く，日増しに冷気も加わってまいりました
11月 （霜月）	晩秋・暮秋・霜降・初霜・向寒	立冬を迎え，まさに冬到来を感じる寒さです／木枯らしの季節になりました／日ごとに冷気が増すようでございます／朝夕はひときわ冷え込むようになりました
12月 （師走）	寒冷・初冬・師走・歳晩	師走を迎え，何かと慌ただしい日々をお過ごしのことと存じます／年の瀬も押しつまり，何かとお忙しくお過ごしのことと存じます／今年も残すところわずかとなりました，お忙しい毎日とお察しいたします

いますぐデキる
シチュエーション別会話例

シチュエーション1　取引先との会話

「非常に素晴らしいお話で感心しました」→NG！

　「感心する」は相手の立派な行為や，優れた技量などに心を動かされるという意味。意味としては間違いではないが，目上の人に用いると，偉そうに聞こえかねない表現。「感動しました」などに言い換えるほうが好ましい。

シチュエーション2　子どもとの会話

「お母さんは，明日はいますか？」→NG！

　たとえ子どもとの会話でも，子どもの年齢によっては，ある程度の敬語を使うほうが好ましい。「明日はいらっしゃいますか」では，むずかしすぎると感じるならば，「お出かけですか」などと表現することもできる。

シチュエーション3　同僚との会話

「今，お暇ですか」→NG？

　同じ立場同士なので，暇に「お」が付いた形で「お暇」ぐらいでも構わないともいえるが，「暇」というのは，するべきことも何もない時間という意味。そのため「お暇ですか」では，あまりにも直接的になってしまう。その意味では「手が空いている」→「空いていらっしゃる」→「お手透き」などに言い換えることで，やわらかく敬意も含んだ表現になる。

シチュエーション4　上司との会話

「なるほどですね」→NG！

　「なるほど」とは，相手の言葉を受けて，自分も同意見であることを表すため，相手の言葉・意見を自分が評価するというニュアンスも含まれている。そのため自分が評価して述べているという偉そうな表現にもなりかねない。同じ同意ならば，頷き「おっしゃる通りです」などの言葉のほうが誤解なく伝わる。

就活スケジュールシート

■年間スケジュールシート

1月	2月	3月	4月	5月	6月
企業関連スケジュール					
自己の行動計画					

就職活動をすすめるうえで，当然重要になってくるのは，自己のスケジュール管理だ。企業の選考スケジュールを把握することも大切だが，自分のペースで進めることになる自己分析や業界・企業研究，面接試験のトレーニング等の計画を立てることも忘れてはいけない。スケジュールシートに「記入」する作業を通して，短期・長期の両方の面から就職試験を考えるきっかけにしよう。

7月	8月	9月	10月	11月	12月
企業関連スケジュール					
自己の行動計画					

●情報提供のお願い●

　就職活動研究会では，就職活動に関する情報を募集しています。

　エントリーシートやグループディスカッション，面接，筆記試験の内容等について情報をお寄せください。ご応募はメールアドレス（edit@kyodo-s.jp）へお願いいたします。お送りくださいました方々には薄謝をさしあげます。

　ご協力よろしくお願いいたします。

会社別就活ハンドブックシリーズ

NECの
就活ハンドブック

編　者	就職活動研究会
発　行	令和6年2月25日
発行者	小貫輝雄
発行所	協同出版株式会社

〒101-0054
東京都千代田区神田錦町2-5
電話　03-3295-1341
振替　東京00190-4-94061

印刷所	協同出版・POD工場

落丁・乱丁はお取り替えいたします

本書の全部または一部を無断で複写複製（コピー）することは，著作権法上での例外を除き，禁じられています。

●2025年度版●
会社別就活ハンドブックシリーズ

【全111点】

運　輸

東日本旅客鉄道の就活ハンドブック	小田急電鉄の就活ハンドブック
東海旅客鉄道の就活ハンドブック	阪急阪神 HD の就活ハンドブック
西日本旅客鉄道の就活ハンドブック	商船三井の就活ハンドブック
東京地下鉄の就活ハンドブック	日本郵船の就活ハンドブック

機　械

三菱重工業の就活ハンドブック	浜松ホトニクスの就活ハンドブック
川崎重工業の就活ハンドブック	村田製作所の就活ハンドブック
IHI の就活ハンドブック	クボタの就活ハンドブック
島津製作所の就活ハンドブック	

金　融

三菱 UFJ 銀行の就活ハンドブック	野村證券の就活ハンドブック
三菱 UFJ 信託銀行の就活ハンドブック	りそなグループの就活ハンドブック
みずほ FG の就活ハンドブック	ふくおか FG の就活ハンドブック
三井住友銀行の就活ハンドブック	日本政策投資銀行の就活ハンドブック
三井住友信託銀行の就活ハンドブック	

建設・不動産

三菱地所の就活ハンドブック	鹿島建設の就活ハンドブック
三井不動産の就活ハンドブック	大成建設の就活ハンドブック
積水ハウスの就活ハンドブック	清水建設の就活ハンドブック
大和ハウス工業の就活ハンドブック	

資源・素材

旭旭化成グループの就活ハンドブック	関西電力の就活ハンドブック
東レの就活ハンドブック	日本製鉄の就活ハンドブック
ワコールの就活ハンドブック	中部電力の就活ハンドブック

九州電力の就活ハンドブック

自動車

トヨタ自動車の就活ハンドブック

デンソーの就活ハンドブック

本田技研工業の就活ハンドブック

日産自動車の就活ハンドブック

商　社

三菱商事の就活ハンドブック

伊藤忠商事の就活ハンドブック

住友商事の就活ハンドブック

双日の就活ハンドブック

丸紅の就活ハンドブック

豊田通商の就活ハンドブック

三井物産の就活ハンドブック

情報通信・IT

NTT データの就活ハンドブック

サイバーエージェントの就活ハンドブック

NTT ドコモの就活ハンドブック

LINE ヤフーの就活ハンドブック

野村総合研究所の就活ハンドブック

SCSK の就活ハンドブック

日本電信電話の就活ハンドブック

富士ソフトの就活ハンドブック

KDDI の就活ハンドブック

日本オラクルの就活ハンドブック

ソフトバンクの就活ハンドブック

GMO インターネットグループ

楽天の就活ハンドブック

オービックの就活ハンドブック

mixi の就活ハンドブック

DTS の就活ハンドブック

グリーの就活ハンドブック

TIS の就活ハンドブック

食品・飲料

サントリー HD の就活ハンドブック

日本たばこ産業 の就活ハンドブック

味の素の就活ハンドブック

日清食品グループの就活ハンドブック

キリン HD の就活ハンドブック

山崎製パンの就活ハンドブック

アサヒグループ HD の就活ハンドブック

キユーピーの就活ハンドブック

生活用品

資生堂の就活ハンドブック

武田薬品工業の就活ハンドブック

花王の就活ハンドブック

電気機器

三菱電機の就活ハンドブック	パナソニックの就活ハンドブック
ダイキン工業の就活ハンドブック	富士通の就活ハンドブック
ソニーの就活ハンドブック	キヤノンの就活ハンドブック
日立製作所の就活ハンドブック	京セラの就活ハンドブック
ＮＥＣの就活ハンドブック	オムロンの就活ハンドブック
富士フイルム HD の就活ハンドブック	キーエンスの就活ハンドブック

保　険

東京海上日動火災保険の就活ハンドブック	三井住友海上火災保険の就活ハンドブック
第一生命ホールディングスの就活ハンドブック	損保ジャパンの就活ハンドブック

メディア

日本印刷の就活ハンドブック	エイベックスの就活ハンドブック
博報堂 DY の就活ハンドブック	東宝の就活ハンドブック
TOPPAN ホールディングスの就活ハンドブック	

流通・小売

ニトリ HD の就活ハンドブック	ZOZO の就活ハンドブック
イオンの就活ハンドブック	

エンタメ・レジャー

オリエンタルランドの就活ハンドブック	任天堂の就活ハンドブック
アシックスの就活ハンドブック	カプコンの就活ハンドブック
バンダイナムコ HD の就活ハンドブック	セガサミー HD の就活ハンドブック
コナミグループの就活ハンドブック	タカラトミーの就活ハンドブック
スクウェア・エニックス HD の就活ハンドブック	

▼会社別就活ハンドブックシリーズにつきましては，協同出版のホームページからもご注文ができます。詳細は下記のサイトでご確認下さい。
https://kyodo-s.jp/examination_company